W0095231

HEIDE SCHMIDT

Ich seh das so

Warum Freiheit, Feminismus und Demokratie
nicht verhandelbar sind

nicht die Verschiedenheit, die ich
eine Überschrift meine. Ich meine
scheidenheit, die dadurch entsteht,
...der Mensch sein "ich" nach eigener
...rung entfalten kann. Die Gesellschaft
...n dabei nicht nur keine Steine
...Weg legen, sondern solidarisch für
...twendige Rüstung dafür sorgen.
...dürfen die Folgen der Herkunft
...n werden, für die die Betroffenen
...e Verantwortung tragen, noch
...nisen diskriminiert, solange sie
...chte der Allgemeinheit achten.
...halte ich eine Leitkultur für er-
...swert, noch akzeptiere ich das
...chen zivilisatorische Errungen-
...n unter dem Deckmantel ga-
...ter Freiheitsrechte. Die Grenze
...ein schmaler Grat. Allein
...u wissen, kann schon bei der
...ierung helfen.

Für Elle, Nicolas und Kai

VORBEMERKUNG 8

1 DIE MENSCHEN SIND VERSCHIEDEN.
UND DAS IST GUT SO. 12

2 FRAUEN SIND ANDERS.
MÄNNER AUCH. 42

3 DEMOKRATIE MUSS MAN SICH LEISTEN KÖNNEN.
UND ZWAR IMMER. 72

4 DIE ZUKUNFT IST UNGEWISS.
ABER WELCHE WÜNSCHEN WIR UNS? 116

5 TROTZDEM.
DESHALB. 158

Vorbemerkung

Eigentlich wollte ich ein anderes Buch schreiben. Seit Jahren. Immer schon hat mich interessiert, wodurch ein Mensch geworden ist, wie er ist. Welchen Einfluss seine Herkunft, sein Umfeld, seine Erlebnisse und Erfahrungen darauf haben, welchen Lebensweg er nimmt. Welches Temperament und welche Wahrnehmungsfähigkeit er entwickelt. Was Anlage und was dazu erworben ist.

Vor allem angesichts meiner politischen Biografie habe ich mir diese Fragen auch selbst gestellt. Wie konnte ich bei meinem politischen Engagement den weiten Umweg über die Freiheitliche Partei nehmen? Keinen Satz habe ich in meinem damaligen öffentlichen politischen Leben öfter gehört als die Feststellung: „Sie sind in der falschen Partei." Ich hatte immer eine erklärende Antwort darauf. Viel später habe ich in meinem Freundeskreis die Frage gestellt, ob man sich vorstellen könne, dass ich als Studentin bei einer anderen Partei hätte andocken können. Viele der FreundInnen begleiten mich seit über fünfzig Jahren, kaum eine(r) von ihnen hat je FPÖ gewählt, heute sowieso nicht (Letzteres gilt übrigens auch für jene wenigen FreundInnen aus der seinerzeitigen FPÖ). Die Antworten waren unterschiedlich. Einige meinten, ich hätte auch beim VSStÖ landen können, einer hielt die konservative Aktionsgemeinschaft für möglich, vor allem für später dazugestoßene FreundInnen aber war die FPÖ die logische Folge meiner Herkunft. Sie wissen, dass meine Eltern in der (Vor-)Kriegszeit auf der falschen Seite gestanden waren und wohl auch später Einsichtsprobleme hatten.

Ich selbst kann mir meine gestellte Frage nicht wirklich beantworten. Ich weiß, wie trügerisch die Erinnerung sein kann und welche Faktoren bei der Selbstbeurteilung eine Rolle spielen. Aber das Buch, von dem ich eingangs gesprochen habe, soll sowieso kein Selbstfindungstrip werden. Ich möchte vielmehr die Geschichte der Gründung der ersten liberalen Partei der Zweiten Republik festhalten, aber eben auch die Vorgeschichte dazu – und die hängt nun einmal stark mit mir und meiner Biografie zusammen.

Als Gerhard Kratky, ein Freund, Gründungsmitglied und langjähriger Geschäftsführer des Liberalen Forums, *Das Experiment einer Parteigründung – Das Liberale Forum im Rückblick* schrieb, das 2009 im Studien Verlag erschienen ist, dachte ich kurz, dass unserer „Geschichtsschreibung" Genüge getan sei. Ich bin Gerhard bis heute sehr dankbar, nicht nur für seinen jahrelangen ideellen Beitrag (ohne seinen überzeugenden Anstoß hätten wir die Partei wahrscheinlich gar nicht gegründet), sondern auch für seine außerordentliche Dokumentation unserer politischen Arbeit. Er aber meinte, er erwarte meine in Buchform erscheinenden „Ergänzungen".

Ich habe bislang die emotionale Kraft dazu nicht aufgebracht, zumal ich die Sache sehr persönlich nehme und daher auch so anlegen will. Zu Hause, in meinem großen Freizeitkeller, stapeln sich in Marcel-Prawy-Manier die Säckchen, voll mit Unterlagen, die bis in die späten 80er Jahre zurückreichen, neben ebenso vollen Schachteln mit Zeitzeugnissen bis ins Jahr 2000. Bedauerlicherweise bin ich kein sehr ordnungsliebender Mensch, was die Sache ziemlich mühsam macht.

Aber die politischen Vergleiche der Erlebnisse der Gegenwart mit jenen der Vergangenheit, die Beobachtung des zunehmenden Populismus und meine Erinnerung an seinen österreichischen „Gründungsvater" Jörg Haider, waren und sind immer wieder Themen in zahlreichen privaten Gesprächsrunden. Dann beschäftigt uns das Wahlverhalten, beunruhigende Verhaltensweisen von BürgerInnen und die politischen Antworten darauf. Wir reden über Demokratie und die zunehmende Schwierigkeit, sie zu verteidigen, während zugleich die Notwendigkeit dafür zunimmt. Wir reden über Freiheit und wie schwer sie gegen das Sicherheitsbedürfnis der Bevölkerung zu argumentieren ist. Wir reden über Political Correctness und Feminismus und wie verlorenes Augenmaß alles zunichtemachen kann. Wir beklagen den Rechtsruck in so vielen Ländern der Welt und in Österreich. Wir suchen nach Erklärungen dafür, dass immer mehr Menschen rechte, menschenverachtende Positionen teilen. Sie selbst rechnen sich einer politischen Mitte zu und weisen die Beschreibung ihrer Haltung als „rechts" von sich. Das Koordinatensystem wurde einfach verschoben: Die Positionen sind zwar gleich geblieben, die Bezeichnungen dafür aber wurden durch die Verschiebung sprachlich reingewaschen. Das dient der Gewissensberuhigung, obwohl es zugleich die Missachtung von Menschenwürde und Menschenrechten salonfähig macht. Manchmal reden wir auch über Liberalismus und das Fehlverständnis von ihm.

Als mich bei einer dieser unterschiedlichen Gesprächsrunden der Verleger Niki Brandstätter aufforderte, doch ein Buch über solche Themen zu schreiben, hatte ich reflexartig einen Satz im Kopf, der mich in der Vergangenheit in vielen Arbeitssitzungen begleitet hat: Es ist schon alles gesagt, nur nicht von jedem. Das Gefühl, das eine(n) beschleicht, wenn man durchaus vernünftige Dinge zum x-ten Mal hört, ist mir noch sehr vertraut. Dieses Gefühl möchte ich nicht auslösen.

Aber Brandstätter wusste von meinem erwähnten „Wunschprojekt". Mehrere Personen hatten es schon angeregt, aber es war bisher am Mangel meines persönlichen Einsatzes gescheitert. Er wollte mich einfach zum Schreiben motivieren und verwendete dafür ein Argument, das ich selbst immer wieder einsetze: Die Demokratie lebt von der Beteiligung und dem persönlichen Beitrag dazu. Das wirkte.

Dieses Buch ist der Versuch eines Beitrags. Ich danke allen, die mich dazu ermuntert haben. Denn Überzeugung allein reicht nicht: Wir alle brauchen Ermunterung zur Demokratie.

Die Menschen sind verschieden.
Und das ist gut so.

1
Die Menschen sind verschieden. Und das ist gut so.

Der erste Satz dieser Überschrift ist eine Binsenweisheit; der zweite ist ein politisches Bekenntnis: Ich schätze die Verschiedenheit, ich liebe den Pluralismus. Zum Pluralismus gibt es unterschiedliche Zugänge. Man kann sich mit ihm einfach abfinden und arrangieren. Man kann ihn für schädlich halten und bekämpfen; immer mehr politische Parteien leben von diesem Zugang. Und man kann ihn als Qualität empfinden und daher als erstrebenswertes Ziel für eine Gesellschaft.

Das ist es, was ich mit Pluralismus verbinde. Er bedeutet für mich nicht nur die Freude an der Verschiedenheit und den Anregungen, die daraus erwachsen, sondern er ist für mich das Ergebnis von Freiheit, denn es geht um die freiwillige Verschiedenheit. Jene, die darin liegt, dass Menschen unterschiedlich denken, Unterschiedliches wollen, unterschiedlich leben und lieben. Aber ich meine auch unterschiedliche Hautfarben und Kulturen, die ein sichtbares Zeichen für die Verschiedenartigkeit im Gemeinwesen sind.

Eine Gesellschaft, in der diese Unterschiedlichkeiten gleichberechtigt miteinander und nebeneinander gelebt werden können, hat nicht nur die bestmögliche Chance für individuelle Lebensqualität, sondern noch einen weiteren unschätzbaren Vorteil: Durch das Erleben und durch den Wettstreit der unterschiedlichen Vorstellungen und Ideen werden Fortschritt und kulturelle Weiterentwicklung ermöglicht, Positionen und Verhaltensweisen stehen ständig auf dem Prüfstand, und das Respektieren und Einüben in unterschiedliche Sichtweisen erhöhen die Chancen auf ein friedliches Miteinander.

———

Pluralismus ist also kein Selbstzweck. Er ist das Ergebnis von Freiheit und er führt zu Freiheit. In diesem Zusammenhang ist zuallererst die sogenannte „negative Freiheit" gemeint, also die Abwesenheit von Zwang und bevormundenden Vorschriften. Da ich als Jugendliche die Zeit des Miefs, verlogener Moral und den Anpassungsdruck vor der 68er-Revolution erlebt habe, weiß ich, dass diese negative Freiheit auch in einer Demokratie erkämpft werden muss. Gerade deshalb empfinde ich solches Unbehagen darüber, dass die erreichte Befreiung und der gewonnene Individualismus von den falschen Profiteuren der 68er als Tarnung für Egoismus und Entsolidarisierung missbraucht wird. Das war nicht das Ziel. Daher muss es umso mehr um den zweiten Schritt gehen. Um die sogenannte „positive Freiheit", die uns in die Lage versetzt, von ihr vernünftig Gebrauch machen zu können. Die Voraussetzungen dafür hat vor allem die Politik zu schaffen.

Seit Jahrhunderten wird über diese Dimensionen der Freiheit nachgedacht. Die sich daraus ergebenden Fragen werden die Menschheit immer begleiten. Weder kann noch will ich einen philosophischen Essay zur Freiheit schreiben, aber es liegt auf der Hand, dass Freiheit und Pluralismus Grenzen und Spielregeln brauchen. Einer dieser Spielregeln will ich mich etwas ausführlicher widmen, weil sie eine der wichtigsten Klammern ist, die unsere Gesellschaft braucht: der Toleranz.

Sich mit Toleranz auseinanderzusetzen, ist kein einfaches Unterfangen. Sie zu leben erst recht nicht, es sei denn, man missversteht sie als „Wurschtigkeit". Goethe sah in der Toleranz, wörtlich übersetzt der Duldung, nur eine vorübergehende Gesinnung, die zur Akzeptanz führen müsse, denn: dulden hieße beleidigen. Zu dieser These lassen sich durchaus Beispiele finden. Das Plakativste im wahrsten Sinn des Wortes lieferte die ARD mit der Bewerbung ihrer Toleranz-Themenwoche im November 2014. Der deutsche TV-Sender affichierte Großplakate, die unter anderem einen dunkelhäutigen Mann, ein schwules Paar und einen Rollstuhlfahrer zeigten. Die Sendungsverantwortlichen hatten es sicher gut gemeint. In ihren Köpfen war die Toleranz den plakatierten Menschen gegenüber bereits zur Akzeptanz mutiert; so hoffe ich jedenfalls. Eine andere Deutung wäre, dass man die Tolerierung dieser Menschengruppen als ausreichend oder gar als Fortschritt unserer Gesellschaft empfindet. Das allerdings wäre im Jahr 2014 zu wenig und daher inakzeptabel.

Tatsächlich konnte die Plakatserie als Beleidigung empfunden werden, denn sie schrieb die Diskriminierung fort:

Soll ich als behinderter Mensch in der Gesellschaft wirklich nur toleriert, also geduldet werden? Für homosexuelle Menschen fühlt sich diese Erfahrung wohl noch einmal anders an: Bis Mitte der 1970er Jahre war ihre sexuelle Orientierung unter Strafe gestellt, danach wurde sie vom Gesetzgeber „toleriert", also geduldet. Mit einer Vielzahl von Diskriminierungen, vom Vereinsverbot bis zur Negierung der Partnerschaft. Es dauerte gut weitere vierzig Jahre, bis eine Gleichbehandlung vor dem Gesetz erreicht wurde, zuletzt musste gar der Verfassungsgerichtshof nachhelfen. Inwieweit die Gesellschaft ihre verordnete Toleranz in diesen Fragen bis heute tatsächlich durch Akzeptanz ersetzt hat, möchte ich gar nicht wirklich wissen. Wir alle kennen einschlägige, respektlose Witzchen, die selbst in aufgeschlossenen Kreisen ihre Lacher finden.

Um Missverständnissen vorzubeugen: Selbstverständlich ist nicht jedes Verhalten tolerabel, selbstverständlich verdient nicht jedes Respekt. Deshalb ist es ja so schwierig, die Grenze zu ziehen zwischen dem, was in einer offenen Gesellschaft hingenommen werden muss und was nicht, was zu respektieren oder mit zivilisierter Verachtung zu behandeln, was letztlich schlicht zu akzeptieren ist und was nicht. Den Begriff der „zivilisierten Verachtung" hat der Philosoph und Psychoanalytiker Carlo Strenger geprägt, der damit die Fähigkeit meint, zu verachten, ohne zu hassen oder zu dehumanisieren. In seiner *Anleitung zur Verteidigung unserer Freiheit* (2015) wendet er sich gegen eine falsche Toleranz und einen Relativismus, die seiner Meinung nach zu oft die Folge politischer

Korrektheit seien. Die von ihm eingeforderte Verachtung dürfe sich allerdings nicht gegen die Menschen richten, sondern einzig gegen ihre Meinungen und Werte, insofern diese gegen die Werte einer freien Gesellschaft verstoßen. Damit will er der Gefahr begegnen, „dass rechtsnationale Parteien und Gruppierungen die vertraute Rolle der Verteidiger der freien Welt übernehmen, dabei aber die zu verteidigenden Werte der Aufklärung, die unsere Gesellschaften im Lauf der letzten Jahrhunderte humanisiert haben, durch Fremdenhass und das Schüren von Ängsten untergraben". Wer wollte das nicht unterschreiben?

Und doch liegt die Crux darin, dass der Begriff der Werte von allen ins Treffen geführt wird. Daher kommt es eben auf die Offenlegung der Vorstellung von den Werten an. Und es ist unerlässlich, den Konsens über diese Inhalte immer wieder öffentlich zu erstreiten. Ich stimme Strenger zu, dass sich gegenseitiger Respekt, der die Grundlage einer zivilisierten Gesellschaft sein sollte, auch als Falle erweisen kann, nämlich dann, wenn moralische Unterschiede aus falscher Toleranz als gleichwertig beurteilt werden. Doch wer fällt das Urteil darüber, wann Toleranz „richtig" oder „falsch" am Platz ist? Dafür bedarf es hoher intellektueller Selbstdisziplin, um eigene Befangenheiten zu erkennen, und verantwortungsbewusster Meinungsbildung – eine nicht geringe Erwartungshaltung an die Gesellschaft. Doch wie realistisch ist die Erfüllung dieses Wunsches? Welche Erfahrungen haben wir gemacht und welche Tendenzen beobachten wir? Wie sehr müssen wir unsere Erwartungen herunterschrauben, ohne die „offene Gesellschaft" Karl Poppers zu gefährden?

Ich finde, der Versuch, das alles alltagstauglich zu machen, ist nicht nur notwendig, sondern er lohnt auch. Es gibt kaum jemanden, der oder die sich nicht gern als tolerant bezeichnen lässt. Und die meisten wollen's auch wirklich sein. Ohne Toleranz geht's ja wohl nicht. Wie also finden wir eine Art Handlungsanleitung und wo die Grenzen?

„Verantwortliche Meinungsbildung", wie Strenger sie einfordert, scheint mir dafür ein Schlüssel zu sein. Wenn tolerant zu sein heißt, Unterschiedliches nicht nur auszuhalten, sondern zu respektieren und zu akzeptieren, so muss dem ja eine beurteilende Meinungsbildung vorausgehen. Auch um zu wissen, was nicht tolerabel ist. Karl Popper sprach einst vom Paradoxon der Toleranz, womit er meinte, dass uneingeschränkte Toleranz mit Notwendigkeit zu ihrem Verschwinden führe. Man müsse daher eine tolerante Gesellschaftsordnung gegen die Angriffe der Intoleranz verteidigen, weil ansonsten die Toleranten vernichtet würden – und die Toleranz mit ihnen. Das leuchtet ein. Wie also bilden wir uns eine Meinung darüber, was zu tolerieren und zu akzeptieren ist?

———

Für den Einzelnen oder die Einzelne bedeutet das zuallerlerst die Einsicht in die Notwendigkeit der Information. Das ist nicht so selbstverständlich wie es klingt, denn wir alle haben unsere Vorurteile (und da gibt es „gute" wie „böse"), die eben nicht informationsgestützt sind, sondern unreflektierte, vorgefasste Meinung. Der *Brockhaus* definiert „Vorurteil" als die unkritische Übernahme von

Ansichten ohne ausreichende eigene Erkenntnisbemühung oder Erfahrungsbasis. Es ist daher nötig, das nicht nur zu erkennen, sondern auch bereit zu sein, es zu ändern. Da kommt die Information ins Spiel, und das ist in der heutigen Zeit ein doch recht kompliziertes Feld geworden.

Natürlich speist sich die Information aus dem gelebten Leben, aus Erfahrungen, aus Büchern und sonstigen Kulturerlebnissen. Was das öffentliche, politische Leben betrifft, sind jedoch auch die Medien entscheidend – und mit ihnen der Berufsstand des Journalismus. Wie man weiß, wird der Wert eines Gutes oftmals erst mit seiner Bedrohung erkannt. So hat etwa der Metternich'sche Polizeistaat mit seiner Pressezensur nicht nur für die Revolution von 1848 den Boden aufbereitet, sondern vor allem für den letztlich erfolgreichen Kampf um Medien-freiheit. 1918 wurde in Österreich mit einem Beschluss der Provisorischen Nationalversammlung „jede Zensur als dem Grundrecht der Staatsbürger widersprechend als rechtsungültig aufgehoben" und festgestellt, dass „die Einstellung von Druckschriften und die Erlassung eines Postverbotes gegen solche" nicht mehr stattfindet. Gut hundert Jahre später ist die Gefahr der Zensur immer noch nicht gebannt und die Verteidigung der Freiheit nahezu täglich zu führen.

Die Instrumente der Zensur sind freilich andere geworden, die Einschränkungen diffiziler und raffinierter, die Erkennbarkeit schwieriger. Kausalzusammenhänge erschließen sich nicht sofort und sind nicht immer leicht zu belegen. Befristete Arbeitsverträge, Zeit- und Geldmangel sind sowohl Druckmittel gegen die JournalistInnen selbst als auch gegen das jeweilige Medium, wenn es um seine finanzielle Existenz fürchten muss. Diese sicherzustellen ist fraglos eine staatliche Aufgabe, weil nur so Informationsfreiheit und öffentliche Meinungsbildung gewährleistet sind. Doch für alle Medien? Und nach welchen Kriterien? Die Art der Finanzierung hat keine gute Entwicklung genommen.

In den letzten Dezennien ist die Finanzspritze in Form von Inseratenschaltungen zu einem politisch schamlos eingesetzten Instrumentarium geworden. Im Jahr 2019 gaben öffentliche Stellen und staatsnahe Betriebe 171,5 Millionen Euro für Anzeigen aus. Demgegenüber betrug die Presseförderung 8,7 Millionen Euro. Die türkis-blaue Regierung strich fast sämtliche Inserate für die kritische Wochenzeitung *Falter*. Das sind die heutigen Mittel einer versuchten Zensur, das ist der eingepreiste Anreiz zur Hofberichterstattung. Dazu kommt die Informationsbeschränkung durch die in den letzten Jahren entwickelte sogenannte „Message Control". Die Wirkungen dieser Maßnahmen zu erkennen, ist nicht wirklich schwer. Die größte Gefahr besteht darin, dass man sich daran gewöhnt (die Entwicklung ist bereits im Gang) und sie so zum akzeptierten Normalzustand wird.

Die Medien werden gerne – neben Legislative, Exekutive und Judikative – als die vierte Gewalt im Staat bezeichnet. Zu Recht, denn ihnen kommen die für eine Demokratie unverzichtbaren Aufgaben der Information, des Beitrags zur Meinungsbildung und der Kontrolle zu. Dafür wiederum ist eben die Pluralität des Medienmarktes eine unabdingbare Voraussetzung.

Insofern hat Österreich durch seine außergewöhnliche Medienkonzentration sowieso ein Demokratie-
problem. Dieses Problem wird nun aber durch ein
öffentliches Finanzierungssystem verstärkt, das nicht
qualitätsfördernd gestaltet ist, sondern sich vornehmlich
an Auflagenstärke und Einschaltquoten orientiert. Es ist
zugegebenermaßen durchaus nicht leicht, in Zeiten boo-
mender Boulevardisierung, Fake News und intensivierter
Nutzung der sozialen Medien seriöse Qualitätskriterien
zu definieren. Dazu kommt, dass eine solche Definition
zum Einfallstor für parteipolitische Vorstellungen ver-
schiedenster Art werden kann, um Freiheit der Information, der Meinung oder der Kunst unter dem Deckmantel
der Qualität zu beschränken. In Österreich begegnet man
dieser Schwierigkeit allerdings dadurch, dass man sich seit
Jahren mit der Tendenz der Verflachung und Banalisie-
rung arrangiert, sie hofiert und für die eigenen politischen
Zwecke nutzbar macht. Die im Frühjahr 2020 ohne jedes
Begutachtungsverfahren durch das Parlament geschleuste
Medienförderung wird von kritischen JournalistInnen zu
Recht als korruptes Gegengeschäft bezeichnet. Und Kor-
ruption frisst Demokratie.

Bei der Suche nach Qualitätskriterien ließe sich beim
Berufsstand des Journalismus und seiner Ausbildung
anknüpfen. Die rasante Zunahme der Möglichkeiten zur
öffentlichen Meinungsäußerung und ihrer Verbreitung
macht das öffentliche Bekenntnis zum Journalismus als
Profession, auch als Unterscheidungskriterium, wichtiger denn je. Nur so sind Standesregeln einzufordern, die
den Rahmen für seriöses und kritisches Handeln abste-
cken. Es geht um die Methoden und die Art sowohl

der Beschaffung als auch der Verarbeitung von Informationen – und es geht um die Notwendigkeit einer branchenspezifischen Selbstkontrolle. Medien staatlich zu fördern, die sich der Kontrolle durch den Presserat entziehen, scheint mir daher höchst bedenklich. Ich würde im Übrigen auch gerne auf die Qualitätssteuerung durch das Lese- und Sehverhalten der KonsumentInnen setzen und daher endlich ein verpflichtendes Schulunterrichtsfach einführen, in dem Medienkompetenz erworben wird. Ich verstehe seit vielen Jahren nicht, wieso eine derartige Wissensvermittlung politisch nicht durchsetzbar ist.

———

Die demokratiepolitische Qualität ist aber nicht nur daran zu messen, wie Informationen aufbereitet und vermittelt werden. Sie hängt auch davon ab, was ins Blickfeld gerückt und was außen vor gelassen wird. Am Beginn der Corona-Zeit, in der ich wie die meisten anderen Menschen selten mein Zuhause verlassen habe, war mein Printmedien-Konsum auf die neben den Wochenzeitungen von mir seit vielen Jahren abonnierten zwei Tageszeitungen reduziert. Nun habe ich eines der Abonnements gekündigt. Ich musste nämlich feststellen, dass jene Zeitung, die mir immer das Gefühl eines hohen Sensoriums für Grundrechte vermittelt hat, die Situation geflüchteter Menschen plötzlich nahezu ausblendete, wiewohl es eine schmerzliche Vielzahl von aktuellen Anlässen für Berichte gab. Es ging um in Seenot geratene Boote und die Verweigerung des Anlegens an EU-Küsten, um Vorkommnisse in Lagern in europäischen Ländern und die österreichische kalte Schulter dazu. Es ging aber auch um Grundrechtsverstöße und -gefährdungen in Österreich selbst, die plötzlich nicht mehr so diskussionswürdig schienen.

Selbstverständlich habe ich nicht die engstirnige Erwartung, nur meine Positionen in „meiner" Zeitung wiederzufinden, aber meine demokratiepolitische Anforderung an eine Zeitung beinhaltet die Beleuchtung jener Facetten, die für eine Demokratie von Relevanz sind, vor allem jene, von denen Menschen direkt betroffen sind und bei denen es um Menschenrechte geht.

Diese Themen aus dem Blatt zu rücken, ist dann zusätzlich irritierend, wenn der Eindruck entsteht, dass damit auch den Interessen der Regierenden gedient ist, deren Kontrolle doch die Aufgabe der Medien sein sollte. Auf eine derartige Qualitätsveränderung reagiere ich als Konsumentin daher mit jenem Steuerungsinstrument, das mir der Markt in die Hand gibt: Ich kaufe nicht mehr.

Und dann ist da noch der öffentlich-rechtliche Rundfunk. Ihm kommt neben seinem Kulturauftrag ein besonderer Stellenwert für die objektive, professionelle Recherche zur Informationsgewinnung zu sowie für einen demokratisch geführten Diskurs zur Meinungsbildung. Sein Auftrag und die damit verbundenen Aufgaben und seine Unabhängigkeit von der Politik müssen mit allen möglichen Mitteln, vor allem auch finanziellen, abgesichert sein. Die immer wieder aufkommende Diskussion über die Abschaffung der Rundfunkgebühren empfinde ich als ständiges Damoklesschwert.

Wenn nun also die Bürgerinnen und Bürger sich auf dem beschriebenen Weg ein Bild gemacht und sich in fairer, offener Auseinandersetzung ihre Meinung gebildet haben, ist die Toleranzübung, die der Ausgangspunkt für meine Überlegungen war, um einiges leichter geworden. Man hält Dinge eher aus, wenn man sie verstehen kann, man respektiert sie leichter, wenn man ihre – wenn auch nicht geteilte – innere Logik erkennt und man akzeptiert, wenn man den Sinn für Neues und Unbekanntes geschärft hat. Sogar was man nicht will, ist dann rational begründbar, und die Abwehr trifft nicht mehr den Menschen, sondern seine Position.

Der philosophische Diskurs zum Thema Toleranz ist spannend, naturgemäß kontroversiell und höchst umfangreich. Und er zeigt – wenig überraschend – vor allem eines: Wie sehr sich der Toleranzbegriff und seine Anwendung im Laufe der Geschichte geändert hat. Im Übrigen kann wohl jede(r) von uns mit einem Fallbeispiel aus dem Alltag dienen, um diese Änderung selbst während unserer jeweiligen Lebenszeit zu belegen. Das ARD-Beispiel dient zur Erhellung des Weges Intoleranz – Toleranz – Akzeptanz. Es dient aber auch dazu, etwas anderes klarzumachen. Nämlich, dass bestimmte Rechtsgüter nicht einfach auf Toleranz angewiesen sein dürfen, sondern ihnen der Staat den Anspruch auf Akzeptanz per Gesetz zu garantieren hat.

Sittliche und moralische Vorstellungen mögen unterschiedlich sein, die Tolerierung mag manchmal schwerfallen, das Selbstbestimmungsrecht aber darf dadurch nicht verletzt werden. Doch selbst diese Grenze ist nur scheinbar sicher. In der Realität ist sie gar nicht so einfach zu ziehen und auch sie ist einer Entwicklung unterworfen. Heute zum Beispiel ist es unerträglich, dass das Delikt der Vergewaltigung in Österreich lange Zeit als strafbare Handlung „gegen die Sittlichkeit" galt und – wohl auch daher – die Vergewaltigung in der Ehe erst im Jahr 1989 überhaupt unter Strafe gestellt wurde. (In Deutschland übrigens erst 1997, wo der Konservative Edmund Stoiber noch 1990 gemeint hatte: „Mit uns nie!") Das alles ist hilfreich zu wissen, wenn es um den Umgang mit anderen Meinungen und vor allem mit anderen Kulturen geht. Das Wissen um die Mühsamkeit einer Entwicklung würde so mancher Überheblichkeit den Wind aus den Segeln nehmen und manchem Vorurteil den Boden entziehen.

Natürlich ist im Umgang mit anderen Traditionen Toleranz gefordert – aber wenn nötig auch Gegenwehr. Auch hier können sich die Grenzen verschieben, wobei die Begründung und die offene Diskussion darüber Voraussetzung dafür sind, dass es nicht willkürlich geschieht und Grundprinzipien verletzt oder gar über Bord geworfen werden.

———

Als ich in den 90er Jahren dritte Präsidentin des Nationalrates war, hatte ich naturgemäß häufig Besuch von BotschafterInnen, darunter einige Männer muslimischen Glaubens. Im Vorfeld der Besuche gab es jedes Mal von der Botschaft aufgenommenen intensiven, mehrmaligen Kontakt mit meinem Büro, in dem um Verständnis dafür geworben wurde, dass mir der Botschafter nicht die

Hand geben würde. Ich empfand das nicht als Problem, sondern respektierte die Vorgangsweise als Ausdruck seines Glaubens. Heute würde ich anders handeln. Nicht weil sich meine Toleranzschwelle geändert hat, sondern weil ich eine Änderung der Rahmenbedingungen empfinde. Und weil ich daher heute eine andere Verantwortung des Botschafters einfordern würde, als es mir damals notwendig schien oder auch nur in den Sinn gekommen wäre.

Wir beobachten heute ein erschreckendes Ausmaß an Fremdenfeindlichkeit und Rassismus. Ich will mich hier nicht mit Ursachen, Anfängen und Entwicklungen auseinandersetzen, obwohl ich einiges davon in meiner politisch aktiven Zeit wie im Lehrbuch erlebt habe. Es geht mir um den heute notwendigen Beitrag der VertreterInnen sowohl der Mehrheits- als auch der Minderheitskultur, der zu leisten ist, um zu einem friedlichen und fairen Miteinander zu kommen. Unglücklicherweise ist vieles vom derzeitigen Beitrag der Mehrheitskultur dazu nicht angetan. Diskriminierende Spielregeln, die bei jeder Gelegenheit noch verschärft werden, finden parlamentarische Mehrheiten, verunglimpfende öffentliche Botschaften verschmutzen die politische Kultur, man macht Menschen anderer Herkunft tendenziell das Leben schwer.

Obwohl nicht unmittelbar betroffen, empfinde ich das alles als schwer erträglich, denn das ist nicht die Gesellschaft, in der ich leben will. Mir ist daher ebenso wichtig, dass sich das Verhalten der Mehrheitsgesellschaft ändert, wie ich es für notwendig halte, dass sich das Verhalten der Minderheitsgesellschaft ändert. Verallgemeinerungen und Pauschalierungen sind für beide Bereiche unangemessen.

Vielmehr geht es darum, das Bewusstsein zu entwickeln und zu stärken, dass es auf jede(n) Einzelne(n) von uns ankommt.

———

Was den Status und die Rechte sogenannter „Fremder" betrifft, hat es nicht um Toleranz, sondern um Akzeptanz und deren rechtliche Folgen zu gehen. Anders ist es mit Verhaltensweisen. Dass diese sich im gesetzlichen Rahmen zu halten haben, lohnt keine Erwähnung, denn das gilt für uns alle. Für Eigenheiten muss jedoch Platz sein – egal, ob man sie akzeptiert oder nicht, da ist Toleranz gefordert. Das gilt für vieles, das was uns nicht gefällt, auch für das Kopftuch der Frau. Das will ich mit Argumenten bekämpfen, aber nicht verbieten, denn ich glaube, dass man vielen einfach Zeit für ihren Bewusstseinsprozess geben muss.

Wie überhaupt wir mehr argumentieren und vorleben lernen sollten (Letzteres wäre das Überzeugendste), statt alles zu reglementieren. Muslimische Frauen müssen wissen, auf welche Rechte sie bei uns pochen können, und wir müssen sie ermutigen, das auch zu tun. Wenn ich denke, wie lange es bei uns gedauert hat, bis Frauen zu jenem Selbstbewusstsein gefunden haben, dass sie überhaupt selbstbestimmt leben wollten (das Können hat noch viel länger gedauert, im nächsten Kapitel wird davon die Rede sein), so scheint es mir nicht erfolgversprechend, mit einem Kopftuchverbot ein Emanzipationsergebnis erzwingen zu wollen. Und es erscheint mir ebenso wenig zielführend, damit das Verhalten der Männer in die von uns gewünschte Richtung zu verändern. Zwänge und Verbote stehen für mich immer nur am möglichen Ende einer Argumentationskette – und an der sind wir noch nicht angelangt.

Wieso aber würde ich dann vom Botschafter die Handreichung wollen, wo ich doch seiner Frau das Kopftuch lasse? Weil er in dieser aufgeladenen Situation als Vertreter seines Staates auf dem Boden unseres Staates ein Zeichen des Respekts für unsere Spielregeln setzen sollte. Ich weiß, dass das nicht seiner Religion entspricht und daher viel verlangt ist, aber Menschen in öffentlichen Funktionen haben eine qualifizierte Verantwortung und ich setze bei ihnen auch mehr Bewusstsein voraus. Im Übrigen haben sie zumindest vom Anspruch her eine gewisse Vorbildwirkung. Ich empfände seine Geste als Ausdruck der Akzeptanz unseres Verständnisses der Stellung der Frau und ich halte es für notwendig, diese Akzeptanz einzufordern. Diese Notwendigkeit habe ich durchaus seinerzeit schon empfunden, jedoch nicht mit solcher Dringlichkeit. Die inzwischen zugespitzte Diskussion über das Frauenbild in weiten muslimischen Kreisen verlangt aber nach eindeutigen Antworten und die Handreichung wäre zumindest ein äußeres Zeichen dafür.

Damit rede ich keinesfalls der Assimilation das Wort. Das würde die Aufgabe der Kultur der Ankommenden zugunsten der neuen, anderen Kultur im Ankunftsland bedeuten. Ich bin allerdings nicht bereit zu tolerieren, dass unter dem Vorwand der gewöhnten eigenen Kultur zivilisatorische Errungenschaften und Grundrechte im Ankunftsland untergraben werden. Wir können und sollen über die äußeren Zeichen und Symbole für diese Rechte diskutieren, aber die Rechte selbst müssen wir verteidigen und durchsetzen. Bei der Wahl der einzusetzenden Mittel kann man unterschiedlicher Meinung sein; die dazu ins Treffen geführten Argumente offenbaren jedenfalls viel über das zugrunde liegende Toleranzverständnis.

Manches Verhalten kann man pönalisieren, manches lässt sich jedoch nur schwer gesetzlich vorschreiben, etwa Respekt. Das Verhalten der Menschen in einer Gesellschaft aber prägt das Klima, in dem dann manches möglich wird oder eben nicht, und zwar gesetzlich ebenso wie auch einfach faktisch.

Deshalb ist es so wichtig, dass sich jede(r) bewusst ist, wie sehr es auf den einzelnen Menschen in einer Gesellschaft ankommt. Vielleicht hat sogar die Corona-Pandemie zu diesem Bewusstsein beigetragen. Wenn man in ihrer Anfangsphase auf dem Fernsehschirm den Raster der Männchen gesehen hatte und die Auswirkung auf das gesamte Gemeinwesen, wenn so ein Männchen vier, drei, zwei oder nur ein weiteres Männchen ansteckt, so könnte das doch das Potenzial haben, die eigene Wirkungsmacht zu begreifen. Wir infizieren die Menschen ja nicht nur mit Viren, sondern stecken sie auch an mit Ideen, mit Meinungen, mit Stimmung. Das allerdings bedeutet nicht nur die Frohbotschaft, dass wir etwas erreichen können, sondern gleichzeitig die deprimierende Einsicht, dass wir am Zustand der Welt – und der ist nicht nur erfreulich – selbst schuld sind. Aber wie gesagt: Wir können das ändern – so verschieden wir sind und so Unterschiedliches wir wollen.

Ich bin in Wien im zweiten Bezirk aufgewachsen. Bis heute erinnere ich mich daran, wie ich als Schülerin auf der Taborstraße zum ersten Mal in meinem Leben sozusagen „live" einen schwarzen jungen Mann, damals sagte man Neger, gesehen habe. Ich finde es bemerkenswert, dass und wie mir diese Situation im Gedächtnis geblieben ist. Ich war damals sicher schon eifrige Kinobesucherin. Menschen anderer Hautfarbe sollten mich daher nicht überraschen. Es muss ein gewisses Gefühl der Exotik im sonst so vertrauten Umfeld gewesen sein, das ich durch das direkte Erlebnis zum ersten Mal empfunden habe, zumal ich zu dieser Zeit noch nie im Ausland gewesen war. Die positive Erinnerung ist mir jedenfalls geblieben. Auch solche Beispiele sind es, die mir den Zeitenlauf und die darin enthaltenen grundlegenden Veränderungen der Gesellschaft deutlich machen.

Heute, gut 60 Jahre später, leben wir in einer multikulturellen Gesellschaft. Sie ist uns passiert, denn ich bezweifle, dass sie von der Mehrheit gewollt war. Nicht gezielte Einwanderungspolitik ist dafür verantwortlich, sondern vor allem das Zerbrechen Jugoslawiens mit einem nachfolgenden Krieg und das Anwerben von Arbeitskräften sowohl aus dieser Region als auch aus der Türkei. Später kamen EinwanderInnen und Geflüchtete aus dem Iran, Afghanistan, weiten Teilen Afrikas und Syrien dazu, um nur einige Regionen zu nennen.

Die Verschiedenheit der Menschen wurde nun an einem Hauptfaktor festgemacht: an ihrer ethnischen Herkunft beziehungsweise ihrer Hautfarbe. Und plötzlich wurde dieser Unterschied in einer Weise problematisiert, wie wir es jedenfalls in meiner Lebenszeit vorher nicht gekannt hatten.

In meiner Jugendzeit ging ich noch an Plakaten der Stadt Wien vorbei, auf denen ein Bub einen Mann fragte: „I haaß Kolaric, du haaßt Kolaric, warum sogns zu dir Tschusch?" Das Plakat hat sich ins Bewusstsein meiner Generation eingegraben. Die Wiener Stadtregierung hatte offensiv versucht, gegen Vorurteile anzugehen und für ein faires Miteinander zu werben. Sie hätte schon damals einen anderen Weg gehen oder es einfach lassen können. Ich werde ihr ihre damalige Verantwortungsübernahme nie vergessen, wohl auch deshalb, weil die heutigen politischen Uhren so schmerzhaft anders ticken.

Ich habe schon vorher davon gesprochen, wie falsch ich die Spielregeln empfinde, mit denen in Österreich (leider nicht nur hier) Menschen anderer Herkunft begegnet wird. Für schier unerträglich aber halte ich den Umgang mit geflüchteten Menschen. Der Boden für die menschliche Katastrophe wurde systematisch aufbereitet: aus Egoismus und Ignoranz, aus Dummheit und Kurzsichtigkeit und jedenfalls mit einer ordentlichen Portion Verlogenheit. Die Fluchtursachen sind nämlich relativ simpel auszumachen: Hunger, Perspektivlosigkeit, Verfolgung und Krieg. Betroffene der ersten beiden Gründe euphemistisch als „Wirtschaftsflüchtlinge" zu bezeichnen, ist an Zynismus schwer zu überbieten. An all diesen Ursachen hat die sogenannte westliche Welt einen beträchtlichen Anteil: durch ihre Handels-, Wirtschafts-, Außen- und Klimapolitik und nicht zuletzt durch ihre Waffenlieferungen.

Die zur Gewissensberuhigung viel zitierte Hilfe vor Ort in Form von Entwicklungszusammenarbeit sollte nach einer Selbstverpflichtung der UNO-Staaten die bescheidene Summe von 0,7 Prozent des jeweiligen Bruttonationalprodukts betragen. Österreich schafft gerade einmal 0,26 Prozent – und da sind die Kosten für Flüchtlingsbetreuung im Inland und Ähnliches schon eingerechnet. Dass sich 2015 so viele Menschen gezwungen sahen, sich auf den gefährlichen Weg nach Europa zu machen, hatte seine Ursachen vor allem darin, dass dem UNHCR Mittel zur Flüchtlingsbetreuung – auch von Österreich – entzogen sowie das Welthungerprogramm heruntergefahren wurde. Im Jahr 2015 waren die Hilfsprogramme nur noch zu 41 Prozent finanziert, sodass die Lebensmittelrationen gekürzt werden mussten. Während im Jahr 2014 im großen Flüchtlingslager von Jordanien 23 Prozent chronisch kranker, erwachsener Flüchtlinge nicht versorgt werden konnten, waren es 2015 bereits 58 Prozent. In diesem sowie den riesigen Lagern im Irak, im Libanon und in Ägypten wurde die Situation hoffnungslos.

Man hätte es sehen und wissen müssen, aber die Welt, auch Europa, hat die Augen verschlossen. Man dachte, man könnte die Nachbarschaft abriegeln und Routen schließen. Man ließ damals wie heute die wenigen solidarischen Länder mit ihren Menschen und ihrem Elend allein.

———

Die egoistische Fehleinschätzung der Situation war fatal und für viele letal. Nun zu meinen, Rechtsstaaten wie Österreich und Deutschland hätten sich aufgegeben, weil sie die geflüchteten Menschen im Jahr 2015 unregistriert ins Land gelassen haben, halte ich für ein ruinöses, anti-demokratisches Rechtsverständnis. Wer die Bilder dieser Menschenzahl gesehen hat, muss wissen, dass es nur zwei Alternativen gab: Grenzen öffnen oder Gewalt anwenden. Wer sich in dieser Situation für die Gewalt entscheidet, noch dazu gegen traumatisierte, geflüchtete Menschen, kann kein Demokrat sein. Und er kann weder Humanität noch Christlichkeit für sich in Anspruch nehmen.

Aber wie steht es mit diesen Ansprüchen beim weiteren, bis heute praktizierten Umgang mit Geflüchteten? Wie soll man das Hinwegsehen über offensichtlich unerträg-liche Zustände in Lagern, die sich nun auch auf euro-päischem Boden befinden, bewerten? Das Inkaufnehmen von Hunger, Schmutz, Kälte und Gewalt für tausende Menschen, darunter viele Kinder, obwohl wir es erwie-senermaßen ändern könnten! Wie kann einem angesichts dieser Zustände ein strategischer Begriff wie „Pull-Effekt" über die Lippen kommen, ein „Lieblingswort" des öster-reichischen Bundeskanzlers Sebastian Kurz, wenn er über sogenannte Flüchtlingspolitik spricht. Obwohl sich die EU als eine Wertegemeinschaft versteht, gab es vor dem Sommer 2020 nur zehn Länder (die Zahl verringerte sich ständig), die bereit waren, Menschen aus diesen Lagern zu holen und in ihr Land zu bringen.

Eine treibende Kraft war und ist dabei seit Langem der langjährige Außenminister Luxemburgs, Jean Asselborn. Er engagiert sich seit Jahren nicht nur für einen Vertei-lungsschlüssel für die Aufnahme Geflüchteter in Europa, sondern rechnete auch vor, dass dann, wenn jedes

EU-Mitgliedsland pro halbe Million seiner EinwohnerInnen nur zehn Jugendliche aus diesen Lagern bei sich aufnähme, das Problem zumindest für die jungen Menschen gelöst wäre. Ich halte es für eine Schande, dass diese Minimalgeste der Humanität nicht durchsetzbar ist und bis zum Spätsommer 2020 lediglich Luxemburg, Deutschland, Finnland, Portugal und Kroatien aktiv geworden sind. Ich weiß nicht, ob mein Zorn oder meine Scham über Österreich größer ist, das sich daran nicht nur nicht beteiligt, sondern sogar mit anderen Ländern Allianzen gegen diese Vorgangsweise schmiedet. Wer so handelt, macht sich des Verbrechens gegen die Menschlichkeit schuldig. Aber obwohl das ein Straftatbestand im Völkerstrafrecht ist, wird es wohl keine Anklagen geben.

Ich halte es für hoch an der Zeit, über den Begriffsinhalt dieses Tatbestandes unter den Rahmenbedingungen des 21. Jahrhunderts eine öffentliche Diskussion zu führen.

———

Das alles fällt mir bedrückend ein, wenn ich von der Verschiedenheit der Menschen rede. Ich weiß, dass manche Verschiedenheit nicht für alle leicht zu ertragen ist. Ich weiß auch, dass mein kleines Beispiel vom muslimischen Botschafter von manchen als Luxusbeispiel abqualifiziert werden kann. Mir sind die wahren Probleme des Zusammenlebens unterschiedlicher Kulturen und einer mangelnden Integration bewusst, und ich weiß natürlich, dass die Zahl der Betroffenen Relevanz hat. Ich bin nur überzeugt, dass es zu schaffen ist, wenn man will und etwas dafür tut. Und man muss viel tun. Das kostet Geld, und zwar nicht wenig. Aber es geht um unsere Gesellschaft – und die wird nicht besser, wenn wir uns abschotten, ganz abgesehen davon, dass das nicht funktioniert. Eine Gesellschaft, die sich erlaubt, Spielregeln gegen Menschen zu formulieren, muss wissen, welchen Ungeist sie damit in ihre Mitte trägt. Wer einmal diskriminiert, ist bereit, es immer wieder zu tun. Und es kann jede(n) treffen.

Ja, die Menschen sind verschieden, und wenn jede(r) frei von Zwang und Bevormundung seine Lebensform wählen darf, ergibt das jene pluralistische Gesellschaft, in die wir in den letzten Dezennien hineingewachsen sind und um deren Schwachstellen wir uns kümmern müssen. Diese Verschiedenheit aus Überzeugung bejahen zu können, ist nicht so selbstverständlich, wie es klingt, aber ich halte es für erstrebenswert. Doch es geht auch um den zweiten Freiheitsschritt: Nicht nur frei von etwas zu sein, sondern vor allem frei *zu* etwas. Es geht um die Möglichkeit, die Freiheit tatsächlich nutzen zu können. Erst wenn diese Freiheiten verwirklicht sind, die positive und die negative, verdient die Gesellschaft die Zuschreibung aus dem Titel dieses Kapitels: „Und das ist gut so.“

Verschiedenheiten haben unterschiedlichste Ursachen, von einigen war schon die Rede. Das Glück, in einem friedlichen Land gesund in intakte, ökonomisch gesicherte Verhältnisse geboren zu sein, ist ein Geschenk. Das Unglück, in einem Krieg behindert in eine hungernde Familie geboren zu sein, ist das andere Ende der Messlatte. Dazwischen gibt es viele Schattierungen. Für viele Menschen hört sich Artikel 1 der *Allgemeinen Erklärung der Menschenrechte* wie Hohn an: „Alle Menschen sind frei und gleich an Würde und Rechten geboren." Aber er ist Auftrag von einer zivilisierten Gesellschaft an eine solche – an uns.

Nicht alle Verstöße gegen die Menschenrechte entscheiden gleich über Leben und Tod, sehr viele jedoch über die Verteilung der Chancen in einer sicheren, wohlhabenden Gesellschaft für einen selbstbestimmten Lebensweg. Denn wenn die Menschen gleich an Würde und Rechten geboren sind, dürfen sie in der Möglichkeit der Wahrnehmung ihrer Rechte und in der Bestimmung ihrer Würde nicht diskriminiert werden. Man kann es subjektiv als diskriminierend empfinden, in einer armen statt in einer reichen Familie geboren zu sein, aber so ist das Leben. Man kann es subjektiv als diskriminierend empfinden, trotz Talent keine Berufsausbildung geschafft zu haben, weil die häuslichen Rahmenbedingungen und die notwendige Unterstützung gefehlt haben, aber so ist die Gesellschaft.

Das ist der Unterschied: In welche Verhältnisse wir hineingeboren werden, lässt sich nicht ändern. Wie allerdings unser weiterer Lebensweg aussieht, hängt nicht nur von uns, sondern auch von der Gesellschaft ab. In ihrer Verantwortung nämlich liegt es, unverschuldete Benachteiligungen so weit wie möglich auszugleichen. Das muss auf vielen Feldern geschehen, aber ich will eines herausgreifen, weil es ziemlich am Anfang einer Entwicklung steht und mir deshalb besonders grundsätzlich und wichtig scheint: Es geht um die Bildungspolitik.

Die Bildungsdiskussion trifft in Österreich auf einen sehr harten Boden. Wie hart er ist, zeigt sich daran, dass einschlägige Gesetze im Parlament bis zum Jahr 2005 einer Zwei-Drittel-, also einer Verfassungsmehrheit bedurften. Das hat sich zwar inzwischen ein wenig geändert, jedoch wesentliche Bestimmungen wie die Schulgeldfreiheit, aber auch ein „angemessenes differenziertes Schulsystem" blieben im Verfassungsrang. Wenn wieder einmal jemand den öffentlichen Diskurs in Gang bringen will, tut er das oft mit der Aufforderung, ihn endlich „ohne Ideologie" zu führen, weil nur so ein „pragmatisches" Ergebnis zu erzielen sei.

Deutlicher kann sich das Missverständnis von Politik und Pragmatik nicht zeigen. Unser Bildungssystem – vom Kindergarten bis zu den Hochschulen – ist durchaus logischerweise das klassische Ergebnis von Ideologie, und ohne eine solche kann auch keine relevante Änderung erfolgen. Selbst scheinbar pragmatische Kritikpunkte wie Bürokratisierung, Föderalismus und vor allem Leistungsbeurteilungen sind nur mit ideologischen Argumenten aufzugreifen. Wie weit Kontrolle und staatlicher Einfluss gehen dürfen und sollen (die häufigste Ursache für Bürokratie), in welchem Umfeld und mit welchen Mitteln welche Leistung hervorgebracht werden soll, was also überhaupt darunter zu verstehen ist, gehört zu den Kernfragen einer Ideologie, denn sie stehen in engem Zusammenhang mit unserem Menschen- und Gesellschaftsbild, sie sind Teil unserer Weltanschauung.

Das politische Handeln orientiert sich (idealerweise) daran. Wenn also zum Weltbild gehört, dass sich die Frau um die Kinder kümmern soll, während der Mann der Erwerbsarbeit nachgeht, wird man wohl keine

Notwendigkeit für Kindergärten sehen. Das bis heute unterschiedliche Angebot in unseren Bundesländern, je nach politischen (also ideologischen) Mehrheitsverhältnissen, ist ein simpler Beweis. Er wird noch deutlicher, wenn es um die Altersstufen geht, für die das Angebot gilt. Eine solche ideologische geschlechtsspezifische Aufgabenzuschreibung hat lange Zeit die bildungspolitische Diskussion darüber verhindert, welche Aufgaben Kindergärten für die Entwicklung der Kinder einerseits und der Gesellschaft andererseits haben. Sie hat eine Frauendominanz beim Personal und – als klassische Folge – eine bescheidene Bezahlung von diesem produziert. Die lediglich pragmatische Lösung, mehr Kindergärten bereit zu stellen, weil eben mehr Eltern berufstätig sind, bringt zwar Erleichterung, dient der Sache aber nicht wirklich.

———

Bis heute geben Mütter ihre ganz kleinen Kinder mit schlechtem Gewissen in den Kindergarten, was ihnen in der Volksschule nicht in den Sinn käme. Sie entwickeln deshalb zu wenig Qualitätsbewusstsein für das Angebot und können daher zu wenig darauf aufbauen. Es geht also sehr wohl um eine ideologische Diskussion, die ausgetragen werden muss – hoffentlich mit Erkenntnisgewinn für die entgegenstehenden Meinungen.

Ähnlich verhält es sich mit der Ganztagsschule. Hier wird ebenfalls immer öfter als pragmatische Begründung die zunehmende Berufstätigkeit der Mütter ins Treffen geführt, wenn es um den geforderten Ausbau des Angebots geht. Wir vergeben hier die Chance einer

Weiterentwicklung des gesellschaftlichen Bewusstseins, wenn wir so argumentieren! Tatsächlich geht es bei der Ganztagsschule doch um etwas ganz anderes: Es geht vornehmlich um den Ausgleich sozialer Benachteiligung. Nicht nur die Bildung der Eltern, sondern auch ihre ökonomische Ausstattung ist höchst unterschiedlich (die Ausgaben für Nachhilfe liegen in Millionenhöhe und steigen stetig). Aber auch das Eingehen auf die unterschiedlichen Fähigkeiten der Jugendlichen, die Bildung sozialer Kompetenzen, die Notwendigkeit von Kulturerlebnissen sind in einer Halbtagsschule nicht unterzubringen – die Förderung von Begabten ebenfalls nicht, die von Schwächeren schon gar nicht.

Ich verstehe einfach nicht, wie es jene Minderheit von Eltern, die glauben, diese Aufgaben besser als die Schule erledigen zu können, schafft, die flächendeckende Einführung von Ganztagsschulen zu verhindern. Das passiert eben dann, wenn man die ideologische Debatte scheut und sich mit der pragmatischen Zahlendebatte zufrieden gibt.

Das letzte Beispiel betrifft die gemeinsame Schule für Kinder bis zum 14. Lebensjahr. Nur noch in Österreich und Deutschland muss für Kinder bereits in ihrem 10. Lebensjahr entschieden werden, in welche weiterführende Schule sie gehen. Es ist erwiesen, dass diese Entscheidung für den weiteren Lebensweg von eminenter Bedeutung ist und schon deshalb zu früh stattfindet, so wie erwiesen ist, dass sie in den selteneren Fällen aufgrund der Begabung getroffen wird, sondern zumeist aufgrund der sozialen Herkunft. Österreich nimmt in Sachen sozialer Diskriminierung in der Bildung einen Spitzenplatz ein.

Seit vielen Jahren läuft in Österreich die Gesamtschule als Schulversuch, als Kompromissvariante wurde die Neue Mittelschule eingeführt. Eine taugliche Evaluierung dieser Schultypen scheitert in meinen Augen daran, dass die Selektion der Kinder nach den alten – sozialen – Kriterien so lange erfolgt, wie die Alternativen nebeneinander bestehen. Die befruchtende, mitziehende Wettbewerbssituation in den Klassen und Lerngruppen einer Gesamtschule findet daher gar nicht statt.

Selbstverständlich ist das Ziel der Gesamtschule nicht Gleichmacherei, schon gar nicht eine nivellierende, sondern die Entfaltungsmöglichkeit für alle unter faireren Bedingungen. Das wurde in anderen Ländern längst als Erfolgsmodell erkannt, in Deutschland und in Österreich ist die Fortschreibung der Klassenunterschiede noch immer ein mehrheitsfähiges Ziel. Es war ziemlich selbsterklärend, als im Jahr 2010 in Hamburg eine Bürgerbefragung zur Gesamtschule durchgeführt wurde. Das Konzept wurde abgelehnt. Eine Analyse der Befragungsbeteiligung ergab, dass sich die bildungsmäßig und daher auch meist ökonomisch bessergestellten Haushalte signifikant überdurchschnittlich beteiligt hatten, während sozial Benachteiligte zuhause blieben. Die Privilegierten hatten sich so ihr Privileg auf formaldemokratischem Weg abgesichert.

———

Das ist nicht die Verschiedenheit, die ich meine. Ich meine die Verschiedenheit, die dadurch entsteht, dass jeder Mensch sein „Ich" nach eigener Vorstellung entfalten kann. Die Gesellschaft soll ihm dabei nicht nur keine Steine in den Weg legen, sondern solidarisch für das notwendige Rüstzeug sorgen. Weder dürfen die Folgen der Herkunft verfestigt werden, für die die Betroffenen ja keine Verantwortung tragen, noch Lebensweisen diskriminiert werden, solange sie die Rechte der Allgemeinheit achten. Weder halte ich eine Leitkultur für erstrebenswert noch akzeptiere ich das Aushebeln zivilisatorischer Errungenschaften unter dem Deckmantel garantierter Freiheitsrechte. Die Grenze ist oft ein schmaler Grat. Das zu wissen, bewahrt zumindest vor vorschnellem Urteil. Das ist die Chance für eine verantwortungsvolle Meinungsbildung.

Frauen sind anders.
Männer auch.

2

Frauen sind anders.
Männer auch.

Als ich in der Entstehungsphase dieses Buches einem Freund meine beabsichtigten Kapitelüberschriften vorlas, meinte er zu diesem: „Gehört das nicht zu Kapitel 1, also zur Verschiedenheit der Menschen?" In seiner Frage lag für mich schon die Antwort. Die Antwort darauf, warum unsere Gesellschaft bis heute so sehr von Geschlechterungerechtigkeit gekennzeichnet ist. Es geht nämlich um mehr als um eine der vielen Verschiedenheiten der Menschen, auch wenn es eine besondere sein mag. Es geht darum, dass Frauen und Männer noch immer in zwei völlig unterschiedlichen Welten der Möglichkeiten leben und diese nicht naturgegeben, sondern gesellschaftlich gemacht und daher veränderbar sind. Es geht darum, die Gründe für diese verschiedenen Welten zu hinterfragen und zu erkennen, dass eine Machtverschiebung notwendig ist, bei der es naturgemäß GewinnerInnen und VerliererInnen geben wird. Es geht um eine Neuverhandlung der Pflichten und Rechte der Geschlechter.

Im Kapitel 1, das von der Verschiedenheit der Menschen handelt, wird die Bereitschaft zu ihrer Akzeptanz gefordert, die jedoch (im Regelfall) nicht mit Verlust verbunden ist. Die Akzeptanz der geschlechtlichen Gleichberechtigung, Gleichbehandlung und Gleichwertigkeit, nicht nur per Gesetz, sondern in der Realität, ist hingegen nicht nur mit beträchtlichem Machtverlust für den Mann verbunden, sondern auch mit neuen, zusätzlichen Verantwortlichkeiten für ihn. Alleine die daraus entstehende Neuverteilung von bezahlter und unbezahlter Arbeit würde die Gesellschaft gravierend verändern und zu einem neuen Selbstverständnis sowohl der Frau als auch des Mannes führen. Es geht um die Unangemessenheit der Spielregeln, die zu den unterschiedlichen Welten geführt haben, und um die Notwenigkeit, diese Welten endlich zu einer gemeinsamen zu vereinen.

Als meine Mutter geboren wurde, hatten Frauen kein Wahlrecht. Als ich heiratete, galt mein Mann als „Oberhaupt" der Familie, er hätte mir verbieten können, einen Beruf auszuüben, ich musste meinen Familiennamen aufgeben und seinen Namen annehmen. In der Einführungsvorlesung für mein Jus-Studium meinte der Verfassungsrechtler Günther Winkler im überfüllten Auditorium maximum an die Zuhörerinnen gerichtet, dass sie ihre Plätze hier wohl nicht lange einnehmen müssten, weil sie sich ja bald ihren Doktor angeln würden, das eigentliche Ziel ihres Studiums. Nachdem ich meine Gerichtspraxis absolviert hatte und als junge Juristin im Unterrichtsministerium arbeitete, sah ich mich bei den Arbeitssitzungen nahezu ausschließlich von Anzugträgern umgeben.

Im Jahr 1977 trug mir mein Wechsel in die neu gegründete Volksanwaltschaft einen männlichen Titel ein: Ich war wie meine beiden Kollegen der anderen beiden Volksanwälte „Sekretär" des dritten. Die weibliche Endung hätte mich einem Berufsbild mit niedrigerem Status zugeordnet. Als ich anschließend in die Politik ging, wurde ich kurz darauf „der" erste weibliche Generalsekretär einer politischen Partei. Die beiden männlichen Kollegen (es gab damals nur drei Parteien im Parlament) taten sich nicht leicht mit einem weiblichen Gegenüber. Im Feber 1993 gründete ich als erste Frau eine politische Partei, das Liberale Forum. In diesem Jahr wurde übrigens zum ersten Mal nach siebzig Jahren eine Frau in den Verfassungsgerichtshof berufen, die Rechtsanwältin Lisbeth Lass, wenn auch nur als Ersatzmitglied (ein Jahr später wurde sie zum Mitglied ernannt). Zwei Jahre zuvor hatte der Nationalrat eine Entschließung gefasst, mit der die Bundesregierung aufgefordert worden war, bei ihrem Nominierungsrecht Frauen in diese Institution zu entsenden. Nun tat es der Nationalrat bei seinem Nominierungsrecht zum ersten Mal auch selbst.

Wenn ich auf meine Lebensjahre durch eine feministische Brille zurückblicke, so bin ich doch trotz aller Unzufriedenheit mit der gegenwärtigen Situation erstaunt, was sich alles verändert hat. Einerseits scheinen es mir so historische Schritte zu sein, dass ich meine Lebenszeit als Maßstab nahezu unwirklich empfinde.

Andererseits jedoch kann ich gar nicht glauben, wo wir steckengeblieben sind und sogar Sorge vor einem Backlash haben müssen.

Als die Frauen 1918 bei uns das Wahlrecht bekamen, hatten sie es selbst erkämpfen müssen. Sie taten es gemeinsam mit Frauen anderer Länder – und es war ein erbitterter, harter Kampf mit großen Opfern. Der weitere Weg zur Gleichberechtigung war zwar steinig, aber man konnte sich bereits auf eine Verfassung mit einem Gleichheitsgrundsatz berufen und wichtige männliche Politiker als Mitstreiter gewinnen. Die Wichtigsten waren wohl Justizminister Christian Broda und Bundeskanzler Bruno Kreisky, unter deren Verantwortung wesentliche Meilensteine gesetzt wurden. Das begann mit der Familien- und Strafrechtsreform in den 70er Jahren: Einführung der Fristenlösung, Abschaffung der Rolle des Mannes als Familienoberhaupt, dem sich die Frau unterzuordnen hatte, Verankerung der Partnerschaft in der Ehe, Abschaffung der väterlichen Gewalt und Anerkennung des Kindes als Träger von Rechten und Pflichten.

Gesetze ändern nicht gleich eine Gesellschaft, aber sie geben eine Perspektive und den Menschen die Chance, ihr Verhalten unter dem Schutz der Gesetze zu verändern. Und vor allem Frauen brauchen diesen Schutz, um sich von männlicher Dominanz befreien zu können: 1978 wurde in Wien das erste Frauenhaus eröffnet. 1979 trat das Gleichbehandlungsgesetz für die privatwirtschaftliche Arbeitswelt in Kraft, 1993 für den öffentlichen Dienst. 1985 wurde das Unterhaltsvorschussgesetz beschlossen, mit dem der Staat die Ausfallshaftung für alimentationsverweigernde Väter übernahm, 1989 wurde Männern bei der Geburt eines Kindes Karenzzeit ermöglicht, seit 2004 haben sie einen Rechtsanspruch darauf. Im Jahr 1990 wurde Johanna Dohnal als erste Frauenministerin angelobt. 1995 wurde das Namensrecht geändert: Bei einer Eheschließung stand es nun den Eheleuten frei, den eigenen Namen zu behalten oder den jeweils anderen zum gemeinsamen Familiennahmen zu erklären.

Ab Mitte der 80er Jahre wurde in Europa eine Diskussion über sexuelle Belästigung am Arbeitsplatz aufgenommen, die in den 70er Jahren in den USA begonnen hatte. 1986 anerkannte das Europäische Parlament diese als spezielle Form der Diskriminierung von Frauen. In Österreich wurde ebenfalls eine öffentliche Diskussion über derartige Praktiken geführt, Studien in Auftrag gegeben und schließlich 1993 eine Novelle zum Gleichbehandlungsgesetz beschlossen. Mit ihr wurde sexuelle Belästigung zu einem Diskriminierungtatbestand mit Schadensersatzanspruch. In dieser Zeit begann auch das Thema häuslicher Gewalt, vor allem gegenüber Frauen, öffentlich zu werden. Das war keine einfache Diskussion, denn viele konservative Kräfte wehrten sich gegen „Eingriffe in das Privatleben" und wollten sich den Nimbus der Ehe nicht beschädigen lassen.

———

Ich war 1989 Abgeordnete zum Bundesrat und erinnere mich ziemlich gut an die Debatte anlässlich des Beschlusses über die Strafbarkeit der Vergewaltigung in der Ehe. Den Vogel schoss damals ein 40-jähriger Abgeordneter der ÖVP ab, der es am Rednerpult nicht fassen konnte, dass „die normale Vergewaltigung im Ehebett" ebenso strafbar sein sollte wie „die im Park". Er sprach damit ohne Unrechtsbewusstsein jenen Ungeist offen aus, den eine von Johanna Dohnal im Auftrag gegebene Gewaltstudie ein wenig später belegte: eine vorherrschende „Mentalität der Gattenherrschaft" – und das trotz Abschaffung des „Oberhaupts der Familie" mehr als zehn Jahre zuvor. Im Herbst 1996 schließlich wurde das Gewaltschutzgesetz verabschiedet, das wegen des großen Schulungsbedarfes beim Vollzugspersonal erst im Mai 1997 in Kraft trat. Das war nach der Strafbarkeit der ehelichen Vergewaltigung ein Paradigmenwechsel, denn damit wurde Gewalt in der Familie endgültig zum Offizialdelikt, der Staat dehnte sein Gewaltmonopol auf die bislang „staatsfreie" Privatsphäre aus. Im Zentrum steht dabei die Verpflichtung der Polizei, Gewalttäter aus der Wohnung zu verweisen und ein Betretungsverbot auszusprechen.

Im Film *Die Dohnal* (Regie: Sabine Derflinger, 2020) über Johanna Dohnal sagt die Vorsitzende des oberösterreichischen Gewaltschutzzentrums und ehemalige Nationalratsabgeordnete Sonja Ablinger dazu, dass diese Neuregelungen ein gutes Beispiel dafür seien, wie ein Gesetz eine Gesellschaft verändern könne. „Es sagt, wenn du als Mann deine Frau bedrohst, schlägst, deine Kinder misshandelst, dann musst du gehen. Du als Mann musst dich mit deiner Gewalt auseinandersetzen. Und nicht die Verantwortung auf die Frau schieben, nach dem Motto: Sie treibt mich ja zur Weißglut. Denn damit schiebt der Täter die Verantwortung von sich und macht das Opfer für seine Gewalttätigkeit verantwortlich." Seither sei

Gewalt in der Familie in der Öffentlichkeit nicht mehr dasselbe wie zuvor, und es sei deutlich zu beobachten, wie sich Frauen zunehmend ihrer Rechte bewusst würden. Die Gewalt ist damit noch lange nicht aus der Welt geschafft, aber wir haben Instrumente zur Gegenwehr und wir haben ein neues gesellschaftliches Bewusstsein in unserer Rechtsordnung verankert.

———

Ich versuche mit dieser Aufzählung etwas klar zu machen: Dass die Welten der Möglichkeiten für Frauen und die für Männer zwei völlig verschiedene waren. Nicht weil die einen so und die anderen so empfinden, nicht weil die einen diese und die anderen jene Fähigkeiten und Talente haben, sondern weil eine Hälfte der Gesellschaft von der anderen Hälfte in ein Rollenkorsett mit all seinen Folgewirkungen verwiesen wurde, aus dem eine Befreiung kaum möglich war. Die eine Hälfte bestimmte nicht nur de facto über die andere, sondern sie hatte auch die Spielregeln dafür in Gesetze gegossen.

Das funktionierte deshalb so gut und lange Zeit widerspruchslos, weil die Frauen nach der Geburt eines Kindes durch die notwendige Obsorge gebunden waren und diese Bindung an Kind und Heim als ihre „natürliche Rolle" festgeschrieben wurde. Daraus folgte der Ausschluss aus allen anderen Rollen und zwar für alle Frauen, unabhängig von einer Mutterschaft, weshalb sich auch eine Berufsausbildung für sie erübrigte. Erst die Frauenbewegungen ermöglichten Mädchen einen qualifizierten Schulbesuch. In Wien wurde 1892 das erste

Mädchengymnasium eröffnet; zu diesem Zeitpunkt gab es bereits 77 Gymnasien für Knaben. Und erst Ende des 19. und Anfang des 20. Jahrhunderts bekamen Frauen Zugang zu den Universitäten, in Jahresabständen wurden die unterschiedlichen Fakultäten geöffnet: zum Beispiel 1900 die medizinische, 1919 die juridische. Natürlich lebten im Laufe des Jahrhunderts trotz der diskriminierenden Bestimmungen viele Menschen zunehmend freier und selbstbestimmt, aber sie hatten die gesellschaftliche Grundstimmung gegen sich.

Fest steht jedenfalls, dass die generationenlange Einübung in bestimmte Verhaltensweisen eine Gesellschaft prägt und damit ein gesamtgesellschaftlicher Konsens darüber entsteht, was richtig und was falsch ist.

Lange wurde dieser Konsens, der einfach als natürlich empfunden wurde, nicht hinterfragt. Dadurch wurde ein Grundübel zugedeckt: Die Tatsache, dass die Wertigkeit des Menschen an sein Geschlecht geknüpft wurde, was in vielen Bereichen bis heute geschieht. Dass diese Interpretation von vielen brüsk und empört zurückgewiesen wird, überrascht mich nicht. Wer lässt sich schon gern unterstellen, er oder sie bewerte den Wert eines Lebens unterschiedlich, je nachdem, welcher Mensch gemeint ist? Und doch geschieht es ständig: Wie viel ist das Leben eines Menschen im Schlauchboot im Mittelmeer wert, wie viel im verschlammten Flüchtlingslager? Das bewusste Ertrinken- oder Verhungernlassen trotz alternativer Handlungsmöglichkeit ist zweifelsfrei eine Entscheidung auf Grund einer Wertung, auch wenn das selbstverständlich verdrängt, nicht zugegeben und verbal umdefiniert wird.

Es gibt zahlreiche Beispiele, wo das praktische Handeln in krassem Gegensatz zum theoretischen Bekenntnis steht. Wir haben zwar Gesetze geschaffen, die Handlungsanleitung für die vielen möglichen Gewissenskonflikte sein sollen, doch wenn's darauf ankommt, halten wir uns nicht an sie und benennen das Problem einfach um.

Hier jedoch geht es nicht nur um das Individuum, sondern um die Hälfte der Gesellschaft, die mit einem Unterscheidungsmerkmal zuordenbar ist. Wer möchte da denken und zugeben, dass eine Hälfte minderbewertet ist? Bei muslimischen Gesellschaften scheint uns das offenkundig. Aber bei uns?

———

Und doch bleibe ich dabei. Die Historie zeigt uns deutlich, dass auch in unserer Kultur die Diskriminierung der Frau die Folge einer minderen Wertigkeit im Vergleich zum Mann war. Selbst wenn wir manches überwunden haben, ist die Wurzel weitgehend dieselbe geblieben. Die moderne Gesellschaft hat nur neue Bezeichnungen und Begründungen gefunden.

Werfen wir einen Blick auf die Arbeitswelt: Ist die Arbeit eines Maurers tatsächlich mehr wert als die der Altenfachpflegerin? Der eine verdient mehr als die andere. Ist die Arbeit des Mechanikers so viel mehr wert als die der Frisöse? Der eine verdient mehr als die andere. Was denken sich die (bisher überwiegend männlichen) Kollektivvertragsverhandler bei diesen Einstufungen?

Die Neubewertung der Arbeit ist eine der ältesten Forderungen der Frauenpolitik, die Ergebnisse sind allerdings alles andere als befriedigend. Das liegt durchaus auch an der Differenziertheit der Materie, denn die Bewertung, die dem Lohn für Arbeit zugrunde liegt, setzt sich bekannttermaßen aus unterschiedlichsten Faktoren zusammen. Während sich vor allem früher die Körperkraft, eine männliche Domäne, lohnsteigernd auswirkte, spielte die psychische Belastung, der vornehmlich Frauen ausgesetzt waren, eine geringere Rolle. Diese interessengeleitete, eher oberflächliche Sichtweise gibt es auch heute noch, selbst Branchen, in denen die menschliche Kraft inzwischen durch Maschinen ersetzt wurde, profitieren noch davon. Weitere lohnentscheidende Faktoren für Arbeit sind ihre Notwendigkeit, ihr individueller beziehungsweise gesellschaftlicher Nutzen sowie die Knappheit der Arbeitskräfte.

Misst man die Tätigkeit von Sozial- und Pflegepersonal an diesen Kriterien, so müsste man zu einem gut bezahlten, angesehenen Berufsstand kommen. Die Realität ist eine andere. Die Branche, in der überwiegend Frauen arbeiten, ist ein Niedriglohnbereich. Die Ursache dafür liegt in der weiblichen Rollenzuschreibung. Sozial- und Pflegeberufe sind helfende Berufe. Sie unterstützen Menschen, die ihren Alltag nicht allein bewältigen können, die gepflegt, beraten und betreut werden müssen. Alles Aufgaben, die in die klassische Rolle der Frau fallen und die sie generationenlang unbezahlt ausgefüllt hat. Das tut sie zum Gutteil auch heute noch und ersetzt damit eine bezahlte Arbeitskraft. Das ist die Erklärung dafür, dass einer Tätigkeit, die aus Tradition ohne Entgelt geleistet wird, in der beruflichen Ausübung kein hoher ökonomischer Wert zugestanden wird.

Wer sollte es den Frauen übel nehmen, dass sie dieses Werturteil auf sich beziehen? Mit der Aufforderung, Frauen mögen sich doch andere Branchen für ihre Arbeit suchen, wird die Situation verkannt: Wie das Beispiel belegt, ist es eben nicht so, dass Frauen selbst schuld sind, wenn sie in schlechter bezahlten Bereichen arbeiten, sondern die Bereiche werden schlechter bezahlt, *weil* vornehmlich Frauen dort arbeiten.

Man hätte meinen können, dass die Erfahrungen aus der Corona-Zeit eine Chance sind. Denn noch nie vorher hatten „die Heldinnen und Helden des Alltags" durch öffentlichen Applaus solche Wertschätzung erfahren, und zwar in vielen Ländern. Ihre Tätigkeit stand aus zwei Gründen plötzlich im Scheinwerferlicht: Erstens machte die Bedrohung von Gesundheit und Bewegungsspielraum die Notwendigkeit fremder Hilfe nicht nur den unmittelbar betroffenen Menschen bewusst, sondern der gesamten Gesellschaft. Und zweitens legten die Grenzschließungen offen, dass die Arbeit überwiegend von Frauen aus dem benachbarten Ausland geleistet wird. Damit war ein weiterer Lohnfaktor berührt: die dadurch entstehende Verknappung der Arbeitskraft.

Die Konsequenz aus dieser Krisensituation hätte die Chance sein können, der üblicherweise weiblichen Tätigkeit künftig endlich jene Wertigkeit zuzuordnen, die ihr zusteht, und zwar sowohl gesellschaftlich als auch ökonomisch. Bislang hat sich diese Hoffnung allerdings nicht erfüllt. Sogar angekündigte Boni wurden nicht ausbezahlt. Kaum war der Höhepunkt der Krise überschritten und der Applaus verklungen, musste sich das Pflegepersonal wieder mit seiner unfairen Unterbezahlung abfinden. Die Ursachen für diesen Zustand sitzen einfach zu tief, um ihn so schnell zu ändern. Es geht um die Veränderung des Wertegerüsts unserer Gesellschaft und die Bereitschaft, die ökonomischen Konsequenzen daraus zu ziehen. Eine Folge daraus wäre die Belastung öffentlicher Haushalte, doch selten wäre die Begründung dafür so einsichtig zu kommunizieren wie in diesem Fall.

———

Um die Gleichwertigkeit von Frau und Mann geht es auch, wenn es um die gleichen Möglichkeiten zur Selbstbestimmung geht. Dazu gehört vor allem die Chancengleichheit zu ökonomischer Unabhängigkeit. Wie aber soll das funktionieren, wenn die Frau wegen ihrer Verantwortungsübernahme für Kind und Heim keiner Berufstätigkeit nachgeht und daher weder über eigenes Einkommen noch über eine eigene Altersvorsorge verfügt? Sie aus der dadurch entstehenden Abhängigkeit vom Mann zu befreien musste daher zu einem gesellschaftlichen Anliegen werden. Im Jahr 2019 lag die durchschnittliche Erwerbsquote von Frauen bereits bei 72,3 Prozent (die der Männer bei 81,8 Prozent), was aber, sobald man diese Zahlen genauer anschaut, nicht wirklich beruhigend ist.

Zu den bereits erwähnten Niedriglohnbereichen kommt die Tatsache, dass viele Menschen nicht mehr von einem einzigen Arbeitsverhältnis leben können. Das trifft zwar beide Geschlechter, Frauen jedoch im stärkeren Ausmaß. Denn eine Problematik haben wir bis heute: Frauen sind zwar inzwischen zu einem Großteil erwerbstätig, aber ihre

Verantwortungsrolle für Kind und Heim ist ihnen dennoch geblieben. Die erwünschte und notwendige Halbe-Halbe-Lösung ist immer noch ein Minderheitenprogramm und selbst da: Auch in Familien, die inzwischen geteilte Verantwortung leben, hat die Corona-Zeit einen Lackmustest erzeugt, wie zahlreiche Studien beweisen.

„Frauen übernehmen nach wie vor den größten Teil der Haushaltsarbeit, der Kinderbetreuung und der Care-Tätigkeiten, nun aber unter erschwerten Bedingungen", stellen Studien übereinstimmend fest. Dass Frauen weltweit den Löwenanteil der unbezahlten Arbeit leisten, ist eine altbekannte Realität. Nicht nur dadurch entsteht der Weg in die Altersarmut, sondern eben auch durch naturgemäß geringer bezahlte Teilzeitarbeit. In Österreich sind 47,7 Prozent der weiblichen Arbeitnehmerinnen teilzeitbeschäftigt, aber nur 10,7 Prozent der männlichen. 70 Prozent der Mütter mit Kindern unter 15 Jahren sind teilzeitbeschäftigt, aber nur sechs Prozent der Väter. Gleich verteilte Chancen auf ökonomische Selbstbestimmung?

——

Seit einigen Jahren wird immer öfter die sich liberal und modern gebende Botschaft laut, Frauen sollten zwischen „zu Hause" und Beruf frei wählen können. Auch immer mehr Mädchen pochen auf diese „Wahlfreiheit". Ich empfinde das als trojanisches Pferd für den Rückschritt in die Fesseln der Vergangenheit. Ist Abhängigkeit wirklich erträglicher, wenn man sie wählt, sich also freiwillig in sie begibt? Wie lange? Wollen wir den Maßstab an jenen leider seltenen Fällen nehmen, in denen beide Partner nicht

nur das ökonomische Abhängigkeitsverhältnis nicht empfinden, sondern auch die häuslichen und Erziehungstätig-
keiten gleich wertschätzen wie eine berufliche Tätigkeit?

Selbstverständlich sollen die Menschen ihre Rolle
selbst wählen, zumal sowohl häusliche Tätigkeit als
auch Erwerbsarbeit identitätsstiftend sein können. Ich
halte es jedoch für eine gesellschaftliche Aufgabe, sie in
Anlehnung an Immanuel Kant zu ermuntern, sich aus der
selbstverschuldeten Unfreiheit zu befreien beziehungsweise sich nicht in eine solche zu begeben. Wenn wir den
Menschen aber dafür nicht die Möglichkeiten zur Verfügung stellen, wird diese Ermunterung zynisch. In diesem
Zusammenhang fällt mir noch eine Szene aus dem Film
Die Dohnal ein: Nach ihrer Schilderung über ein Gewalt-
verhältnis, in dem sich eine Frau in ihrer Ehe seit Jahren
befand, fragte ein an der Diskussionsrunde teilnehmender
Journalist, warum sich die Frau denn nicht scheiden lasse.
„Würde sie nur einen Bruchteil von Ihrem Einkommen
verdienen, dann könnte sie es", antwortete Dohnal. Der
Journalist fühlte sich persönlich angegriffen, verstanden
hat er offensichtlich nichts.

———

Es gibt ein Anliegen, das mich seit etwa 25 Jahren
beschäftigt: die Idee eines bedingungslosen Grundeinkommens. Im Liberalen Forum haben wir seinerzeit das
Modell einer Grundsicherung entwickelt, das mir heute
mehr denn je als gesellschaftspolitischer Lösungsschlüssel
für so viele Probleme erscheint. Hätten Frauen so wie auch
alle Männer unabhängig davon, ob sie je in Erwerbsarbeit

waren, einen eigenen Rechtsanspruch auf ein bedingungsloses Grundeinkommen, dann wäre ihr Problem einer
potenziellen oder tatsächlichen Abhängigkeit wennschon
nicht gelöst, so doch minimiert. Dann hätte die Entscheidung gegen den Beruf ein Netz, ohne zur Bittstellerin
werden zu müssen, nur dann hätten Frauen tatsächlich
Wahlfreiheit. Das Konzept ist keine Phantasterei, sondern
real umsetzbar, wann man nur will. Ich werde später
darauf zurückkommen, denn ich möchte es nicht nur
unter dem frauenpolitischen Blickwinkel wahrgenommen
haben, obwohl es hier eine besonders hohe Relevanz hat.

Ich will nicht mehr von der gläsernen Decke reden
müssen, von der Unterrepräsentanz in Führungsposi-
tionen, Aufsichtsräten und Vorständen, vom weltweiten
Gender-Pay-Gap. Würden die Frauen als gleichwertig
genommen, hätte die Politik längst die Rahmenbedingungen geändert; würde die Gesellschaft die Frauen gleichwertig behandeln, hätte sie nicht generationenlang bei der
Verletzung ihrer sexuellen Integrität weggeschaut.

Als im Jahr 2017 die Me-Too-Debatte von Amerika aus
ihren Lauf nahm, wurde zum ersten Mal weltweit über
sexualisierten Machtmissbrauch auch in angesehenen
Branchen, auch von angesehenen Männern, diskutiert.
Hunderte Frauen brachen ihr Schweigen, zahlreiche
Männer verloren Reputation, Position und manche sogar
ihren Beruf. Gerichte tagten, verurteilten und sprachen
frei, rund um den Globus beteiligten sich Menschen
an der Debatte.

Es ging und geht um sexuelle Belästigung in Worten und Taten, um sexuelle Gewalt, um Vergewaltigung, es ging und geht um Machtmissbrauch. Viele der öffentlich gemachten Taten lagen viele Jahre zurück, die meisten Opfer hatten bislang geschwiegen, manche waren seinerzeit trotz Offenlegung nicht ernst genommen oder die Sache vertuscht worden. Bei aller Tragik der zahlreichen Einzelfälle, bei aller Empörung, allem Mitfühlen, aller Fassungslosigkeit – das Entscheidende der Me-Too-Bewegung war, welches Gesamtbild unserer Gesellschaft sie offengelegt hat. Denn dass in gesellschaftsrelevanten Biotopen derartige Vorkommnisse, ja Praktiken, hingenommen und geduldet werden, hat ein ganz bestimmtes gesamtgesellschaftliches Klima zur Voraussetzung. Ein Klima, in dem die Missachtung der Frau als Kavaliersdelikt durchgehen kann, in dem der höhere Stellenwert des Mannes durch die gesellschaftliche Realität abgebildet ist. In einer Gesellschaft, in der Diskriminierung strukturell bedingt ist, ist diese Teil ihres gesellschaftlichen Konsenses. Und Diskriminierung ist immer ein Werturteil.

———

Bei einem Spitalsaufenthalt im März dieses Jahres fiel mir in der dortigen Bibliothek ein im Jahr 1976 erschienenes Buch der Schauspielerin Heidi Brühl in die Hände. Sie war ein wenig älter als ich und ihre Beschreibung ihrer Schlager- und Filmkarriere ist nicht nur gespickt mit ungezählten, mir vertrauten Namen, sondern hat mir die Zeit meiner Kindheit und Jugend plastisch in Erinnerung gerufen. Es hat nicht in mein naives Bild dieser Zeit gepasst, von ihren Erfahrungen mit Filmregisseur

Franz Antel Ende der 50er Jahre zu lesen. Seine sexuellen Belästigungen (offenbar vor allem verbaler Art) fanden vor gesamter Belegschaft statt, ohne Widerspruch zu erregen, und sie führten bei Brühl schließlich zu einem Nervenzusammenbruch. Sowohl SchauspielerInnen als auch Regieteam – viele mit für diese Branche hohem Ansehen kennt man bis heute – fanden offenbar nichts dabei. Im Übrigen auch nicht an seinen antisemitischen Äußerungen. Antel selbst erfreute sich bis zu seinem Tod 2007 eines branchenspezifischen Ansehens.

Als die Skirennläuferin Nicola Werdenigg im Zuge der Me-Too-Debatte darüber berichtete, dass sie in den 70er Jahren als 16-Jährige im Sportverband vergewaltigt worden war, dass sexuelle Übergriffe von Trainern, Betreuern und Kollegen keine Seltenheit gewesen seien, trat sie eine Lawine los. Einerseits meldeten sich viele andere Frauen, doch zugleich baute sich eine Verteidigungsfront auf. Altbekannte, beleidigende und verletzende, von Ahnungslosigkeit geprägte Sätze wie „Da gehören immer zwei dazu" waren nicht nur von einer prominenten Sportlerin zu hören, sondern standen auch zwischen den Zeilen von Funktionärsstellungnahmen. Man wollte sich nicht nur manches Ski-Idol nicht beschädigen lassen, sondern vor allem nicht das System. „Die Strukturen in Sportverbänden haben sich nicht groß verändert im Vergleich zu damals", sagt Werdenigg, „es sind oft patriarchale Strukturen, und wenn etwas Ungeheuerliches passiert, dann ist der oberste Verantwortliche, der Patriarch, darum bemüht, die Dinge intern zu regeln."

Heute engagiert sich Werdenigg für die Prävention von Machtmissbrauch im Sport. Stellungnahmen von damaligen wie heutigen Funktionären beziehungsweise deren Schweigen geben nicht viel Hoffnung auf Einsicht. Der Wert der sportlichen Leistung zählt zwar viel, doch real geht es einfach um sehr viel Geld. Ich fürchte, dass man bereit ist, auch künftig dafür die Verletzung der sexuellen Integrität und Würde von Menschen in Kauf zu nehmen. Dürfen ganze Nationen wirklich auf Erfolge stolz sein, wenn solche Systeme dahinterstehen?

———

Wie tief gehen unsere Erschütterung und Empörung über die Vorkommnisse tatsächlich? Täter und ihr Umfeld führen ihre Sozialisierung in der „damaligen Zeit" als Erklärung oder gar Rechtfertigung für ihre Untaten an. Sogar Opfer verweisen auf ihre Sozialisierung, wenn sie sich und uns ihr Schweigen, manchmal auch ihr Erdulden erklären wollen. Wann, wenn nicht jetzt und dadurch begreifen wir, dass alles mit allem zusammenhängt? „Einzelfälle" wachsen eben aus einem kontaminierten Boden oder – um es hoffnungsvoller auszudrücken – aus einem falsch gedüngten.

Es geht also um das Düngemittel. Die Zusammensetzung dieser Mittel ist immer vielfältig, die Inhaltsstoffe sind immer unterschiedlich dosiert und die Wirkung entfaltet sich immer aus dem Zusammenspiel von allem. Das gilt auch für den gesellschaftlichen Boden und seine „Düngung". Welche Wirkung erzielt werden soll, hat unsere Verfassung schon vor 100 Jahren festgeschrieben:

Vorrechte des Geschlechtes haben ausgeschlossen zu sein. Die Bestimmung wurde im Jahr 1998 noch durch das ausdrückliche Bekenntnis von Bund, Ländern und Gemeinden zur tatsächlichen Gleichstellung von Mann und Frau erweitert. Es wäre nicht fair, die Redlichkeit dieser Erklärungen infrage zu stellen – und doch wird ihnen die Realität nicht gerecht.

Immer noch gibt es die beiden Welten, von denen ich eingangs gesprochen habe. Es mögen auch solche der unterschiedlichen Sicht- und Empfindungsweisen sein. Mir aber geht es um die beiden Welten der unterschiedlichen Möglichkeiten aufgrund der Rollenzuschreibung, die immer noch unser kollektives Bewusstsein prägt. Die Rolle ist der Bezugsrahmen für die Möglichkeiten und sie fußt im kollektiven Bewusstsein. Wenn das Problem also von der Wurzel her gelöst werden soll, muss man sich um dieses Bewusstsein kümmern.

Abgesehen davon, dass der Politik eine Gestaltungs- rolle zukommt, sind für das Bewusstsein auch indivi- duelles Erleben, Wahrnehmung, Hören und Sehen von Relevanz. Daher sind die Sprache und Bilder wichtig. Wer einmal für sich die Tür zur geschlechtergerechten Sprache aufgemacht hat, erlebt tagtäglich, wie sie das Denken beeinflusst und erweitert. Beide Geschlechter zu erwähnen, heißt beide Geschlechter mitzudenken; ein Geschlecht mit der Sprache auszudrücken führt zum Bewusstsein, welches in diesem Zusammenhang gemeint ist und ob damit das andere auszuschließen ist. Die These, mit einem Geschlecht wäre das andere mitgemeint, gilt für die meisten erstaunlicherweise dann nicht mehr, wenn die weibliche Sprachform durchgängig angewendet werden soll statt wie bisher die männliche. Das sollte eigentlich schon ausreichend zu denken geben.

————

Ich verstehe nicht, wie vernünftige Menschen bestreiten können, dass die männliche Sprache selbstverständlich ein Ausdruck des gelebten Patriarchats war. Wie groß zur Überwindung dessen die Rolle der Sprache ist, mag unterschiedlich beurteilt werden. Ich messe ihr im Allgemeinen einen hohen Stellenwert zu – und daher auch im speziellen Fall. Ein Selbstversuch in geschlechtergerechter Sprache kann einiges an Überzeugungsarbeit leisten. Beim Lesen eines Buches erleben wir, auf welche Weise die Sprache Bilder in unseren Köpfen erzeugt. Die Beeinflussung des kollektiven Bewusstseins durch eine Sprache des Hasses ist ebenfalls unbestritten. Ich bin daher überzeugt, dass wir mit Fug und Recht auf den positiven Einfluss einer gendergerechten Sprache setzen dürfen, und ich halte es für einen großen Fehler, wenn sie selbst von so mancher Feministin als Überspitzung diskreditiert wird.

Ebenso wenig Verständnis habe ich dafür, wenn die Textänderung der Bundeshymne, in der sich nun neben den Söhnen auch die Töchter finden, als unwichtig oder gar lächerlich abgetan wird. Ich gestehe mir selbst ein, dass ich, seit ich im Parlament im Jahr 1987 als Abgeordnete zum Bundesrat und 1990 zum Nationalrat auf unsere Verfassung angelobt wurde, ein anderes Verhältnis zu unserer Bundeshymne bekommen habe. Ich habe sie meinem politischen Berufsleben oft gesungen. Dass nur die großen Söhne des Landes besungen wurden, habe ich immer als Missachtung und Geringschätzung der Leistung der Frauen empfunden. Bei der Aufforderung in der dritten Strophe, in „Brüderchören" einig zu sein, habe ich mich immer ausgeschlossen gefühlt, obwohl ich nie das Bedürfnis hatte, dem „Vaterland Treue zu schwören". Einerseits war mir die Bundeshymne nähergekommen, andererseits fühlte ich mich persönlich diskriminiert. Ich habe daher im Jahr 1997 gemeinsam mit KollegInnen einen Antrag auf Textänderung eingebracht, der allerdings mangels Unterstützung durch die große Koalition nicht einmal den Weg vom Verfassungsausschuss ins Plenum geschafft hat.

Umso mehr freue ich mich, dass ich heute „meinen" Text der Bundeshymne singen kann, der über spätere, neu eingebrachte Anträge 2012 in Kraft trat. Dass er bis heute unterschiedliche Reaktionen, zum Teil letztklassiger Art, hervorruft, gehört auch zur Zustandsbeschreibung der gesellschaftlichen Befindlichkeit. Schon im Jahr 1992 hatte sich Johanna Dohnal bei ihren ähnlichen Bemühungen die Frage aus den eigenen Reihen gefallen lassen müssen, ob sie denn keine anderen Sorgen hätte. Welch unsinniger Einwurf! Wenn man Bewusstsein ändern will, muss man an vielen Schrauben drehen, an kleinen und großen, und oft macht erst die Argumentation der Abwehr die Wichtigkeit und Richtigkeit der Maßnahme deutlich.

———

Ähnlich verhält es sich mit dem Instrument der Quote, um den Frauenanteil im Berufs- und im öffentlichen Leben zu erhöhen. Als Liberale war ich nie eine große

Freundin der Quote. Nach unserer Parteigründung hatte ich das Glück, sie für uns nicht argumentieren zu müssen, weil sich die Geschlechterausgewogenheit ganz automatisch ergeben hatte. Nicht nur in den Gremien des Liberalen Forums, sondern auch in unseren Führungsebenen waren Frauen auch zahlenmäßig gleichberechtigt vertreten. Da ich schon damals vermutete, dass das vornehmlich unserer Gründungsgeschichte und mir als Parteivorsitzender geschuldet war, schloss ich allerdings nie aus, dass auch wir eines Tages in die Lage kommen könnten, zu einem Regelinstrument greifen zu müssen.

Ich sehe in der Quote vor allem fünf maßgebliche positive Wirkungen. Am Anfang steht, dass man Frauen suchen muss, womit dem Übersehen von Qualifikation entgegengewirkt wird. Kaum eine Veranstaltung, die sich heute noch erlaubt, ein reines Männerpodium zusammenzustellen, womit wir bei der zweiten Wirkung sind, dem Sichtbarmachen. Dieses führt zu einer dritten Wirkung, der Stärkung des Selbstbewusstseins von Frauen, nämlich sowohl der unmittelbar handelnden Frau als auch der beobachtenden. Das alles ist aber kein frauenpolitischer Selbstzweck, sondern auf diese Weise werden die Erfahrungen aus der Lebenswelt der Frau in den öffentlichen Diskurs eingebracht, und dass sich diese Erfahrungen von den männlichen unterscheiden, wurde schon ausgeführt. Diese vierte Wirkung dient daher einem faireren Miteinander, weil auf diese Weise die Bedürfnisse beider Geschlechter die Chance haben, berücksichtigt zu werden.

Und schließlich die fünfte Wirkung: Frauen gewinnen unmittelbar an Einfluss, was ich mit der – zugegebenermaßen nicht immer gerechtfertigten – Hoffnung verbinde, dass eine künftig geschlechtergerechte Welt eine höhere Chance hat. Wie strukturverändernd eine Frauenquote im Wirtschaftsleben wirken kann, ist in den skandinavischen Ländern zu beobachten – und ich würde mir ähnliche Auswirkungen auch für Österreich wünschen. Ob in Aufsichtsräten, Vorständen oder bei vergleichbaren Entsendungen, ob in politischen, wissenschaftlichen oder kulturellen Gremien: Wenn wir verstanden haben, dass der geschlechtsspezifische Zugang einen Unterschied machen kann, und zwar sowohl in der Entscheidungsfindung als auch im Ergebnis, dann müssen beide Hälften der Gesellschaft am Entscheidungsprozess beteiligt sein. Und wenn das nicht verstanden wird, so müsste der verfassungsrechtliche Auftrag zur Herstellung von Gleichbehandlung zur selben Vorgangsweise führen.

———

Die Notwendigkeit des Erkennens der unterschiedlichen Betroffenheiten hat sich in den letzten Jahren durchaus durchgesetzt. In der Medizin rückt diese auch bei der Medikamentenentwicklung zunehmend in den Fokus, in der Politik wurde das Gender-Mainstreaming schon in den 80er Jahren auf der Ebene der Vereinten Nationen diskutiert. Auf der Weltfrauenkonferenz in Nairobi im Jahr 1985 gab es zum ersten Mal eine breite Diskussion über die geschlechtsspezifischen Betroffenheiten, seit 1999 ist es ein erklärtes Ziel der EU, bei jedem politischen Ansatz die unterschiedliche Auswirkung auf die Geschlechter zu bedenken, um Ungleichbehandlung von vornherein zu verhindern.

Österreich hat sich diesem Ziel in mehreren Minister-ratsbeschlüssen seit dem Jahr 2000 angenähert, seither müssen Gesetzesvorlagen in ihren Erläuterungen diesem Blickwinkel ausdrücklich Raum geben. Das sogenannte Gender-Budgeting, das in Österreich im Jahr 2009 sogar Eingang in die Verfassung gefunden hat, dient demselben Ziel, nämlich die geschlechtsspezifische Betroffenheit von Budgetmaßnahmen ausdrücklich zu erforschen. Das alles sind Maßnahmen, die präventiv wirken sollen. Vorhandenes und Entstandenes zu korrigieren, bleibt dabei allerdings immer noch eine wichtige, große Aufgabe.

Ich fürchte, dass die Mehrheit der Bevölkerung diese Notwendigkeit noch nicht sieht. Das Grundrechtsbewusstsein ist nicht sehr ausgeprägt bei uns. Das ist wohl auch die Ursache, warum politische Parteien selten politische Leidenschaft entwickeln, Frauenpolitik zu einer erkennbar wichtigen Agenda ihrer Arbeit zu machen. Die beschränkte WählerInnenwirkung ist vorhersehbar. Ich kenne die Dynamiken in politischen Parteien zu gut, um davon überrascht zu sein. Dennoch darf der Anspruch an die Politik nicht aufgegeben werden, dass sie ihre Arbeit in erster Linie an der Notwendigkeit von Maßnahmen ausrichtet und nicht an ihrer Popularität. Um diese zu werben, ist die politische Herausforderung, nicht sie einfach nur möglichst professionell zu nutzen. Fortschritt hat es im Regelfall immer dann gegeben, wenn engagierte SchrittmacherInnen vorangegangen sind. Das gilt auch für die Frauenpolitik, die letztlich nichts anderes ist als Gesellschaftspolitik.

Ich habe ja für das unterbelichtete feministische Bewusstsein ein gewisses Grundverständnis, denn mein

Feminismus ist ebenfalls ziemlich spät entstanden. Meine Mutter war Alleinerzieherin, ich habe noch eine Schwester, und zum Kern der Familie gehörte auch meine Großmutter. Der Großvater stand in der zweiten Reihe, der Vater war gar nicht da. Für mich war ein Frauenhaushalt Normalität, für mich hatte er denselben Stellenwert wie befreundete Haushalte mit Männern in einer Familie. Ich habe keine Erinnerung an ein Erlebnis, in dem ein Mann höher wertgeschätzt wurde als meine Mutter. Sie war durchschlagskräftig und vermittelte mir den Eindruck, mit jeder Situation zurechtzukommen, so schwierig sie auch war. Und es gab genug schwierige Situationen, denn wir waren arm, wenn auch in einer Zeit, in der das viele waren und ich es daher als Kind nicht empfunden habe. Ich habe kein Sensorium für weibliche Diskriminierung mitbekommen, selbst die Unverschämtheit Günther Winklers bei der universitären Einführungsvorlesung habe ich eher als persönliche Beleidigung empfunden denn als eine Frauenfeindlichkeit, die sie war.

Bis heute wundere ich mich, dass die 68er-Bewegung keinen feministischen Funken in mir entzündet hat – und ich bedaure es. Ich glaube, der mir mitgegebene Grundsatz „Wo ein Wille, da ein Weg" hat mir viel zu lange die Sicht auf strukturelle Zusammenhänge versperrt; Hindernisse sah ich als individuelle Herausforderung, sie waren da, um individuell überwunden zu werden. Ich habe eine partnerschaftliche Ehe geführt, in der wir beide Geld verdient, gebügelt, staubgesaugt und uns um Einkauf und Küche gekümmert haben. Dass der Gesetzgeber das anders vorgesehen hatte, war für uns graue Theorie, denn wir lebten, wie es uns gefiel. Bei der Scheidung machte ich keine Erfahrung mit einem diskriminierenden Scheidungsrecht, denn sie war einvernehmlich.

Erst meine Tätigkeit in der Volksanwaltschaft begann dazu beizutragen, mir die Augen zu öffnen, und da ging ich schon auf die Dreißig zu. Hier wurden mir die Zusammenhänge zwischen staatlichen Spielregeln und persönlicher Betroffenheit deshalb so eindrücklich klar, weil sie im Prüfungsverfahren an behaupteten Missständen nachvollzogen werden mussten. Ungerechtigkeit, wenn auch nur behauptet, kann nachhaltige Eindrücke hinterlassen. Obwohl ich Jus studiert hatte, gewann ich damit eine neue Sicht auf zugrundeliegende Strukturen und mein Blick auf Politik und Gesellschaft bekam neue Anstöße.

———

Als ich selbst in die Politik ging, stieg ich mit hohem Selbstbewusstsein ein. Meine Arbeit in der Volksanwaltschaft war alle drei Wochen mit einem Fernsehauftritt vor der Hauptsendezeit verbunden gewesen, was mir schnell hohe Bekanntheitswerte beschert hatte. Ich hatte also nie das Gefühl, vom Erfolg eines Mannes, des Parteichefs, abhängig zu sein, sondern empfand vielmehr, dass ich mit meinem Erfolg einen Beitrag einbrachte. Diese Erwartung war auch als Grund genannt worden, als man an mich herangetreten war, um für ein politisches Mandat zu kandidieren. Dass in dieser – Freiheitlichen – Partei ein konservatives Frauenbild vorherrschte, war für mich aus mehreren Gründen nicht so spürbar. Zum einen war die politische Arbeit vornehmlich auf das Aufbrechen der großkoalitionären „Inbesitznahme" des Landes ausgerichtet und Frauenpolitik spielte dabei keine Rolle. Zum anderen waren jene Frauen in der Partei, mit denen ich zu tun hatte, ähnlich selbstständig wie ich, sodass sich mir das Frauenbild nicht als Frage stellte.

Und drittens schützte mich meine von Anfang an hohe Funktion vor sexistischen Erlebnissen. Bis auf einmal, und zwar vom Parteichef selbst und das vor laufenden Kameras. Nicht nur mir, sondern vielen politischen BeobachterInnen sind die Bilder noch präsent, obwohl sie nahezu dreißig Jahre alt sind. Ich glaube, es war bei einer großen Geburtstagsfeier anlässlich des 75. Geburtstages des früheren Abgeordneten und Volksanwaltes Gustav Zeillinger. Eine große Geburtstagstorte war da und viele MedienvertreterInnen. Eine kleine Gruppe stand beisammen, darunter Jörg Haider und ich. Mit einer ein wenig ausgelassenen freundschaftlichen Geste schob mir Haider die Kuchengabel mit einem Stück Torte in den Mund. Als ich das Klicken der Fotoapparate hörte, ahnte ich das Unheil bereits. Aber ich eh mich versah, war da schon ein zweites Tortenstück – und nun hatten nicht nur alle Foto-, sondern auch die Fernsehkameras das Bild des fütternden Haider mit der gefütterten Schmidt im Kasten. Ich hätte die Kuchengabel abwehren können. In Sekundenbruchteilen schossen mir die Gedanken durch den Kopf, welches Gewicht wohl die jeweiligen Botschaften meiner Reaktion entfalten würden.

Ich entschied mich falsch. Viel retten hätte ich aber ohnehin nicht mehr können, denn die erste Kuchengabel war zu überraschend und freundschaftlich gekommen und der eine oder andere Fotograf hatte die Szene bereits festgehalten. Bezeichnend war ja die Wiederholung durch Haider, der vielleicht sogar erst da die Chance des sprechenden Bildes erkannte und es daher noch einmal für alle zelebrieren wollte. Jedenfalls ist ihm auf diese Weise mit der Optik etwas gelungen, was er inhaltlich nicht geschafft hatte: eine Geschlechterrangordnung zu demonstrieren und öffentlich zu kommunizieren. Die Bilder zu sehen und die sich daran entzündende Diskussion zu erleben, hat sicher etwas in meinem Frauenbewusstsein bewirkt. Obwohl persönliche Betroffenheit keine Voraussetzung für politisches Bewusstsein ist und sein sollte – manchmal ist sie hilfreich.

———

Die Trennung von der Freiheitlichen Partei, die ein knappes Jahr später erfolgte, und die Gründung des Liberalen Forums im Feber 1993 vermittelte mir einen weiteren feministischen Erfahrungsschub. Für mich war der Bruch mit dieser Partei eine politische Entscheidung gewesen: Ihr Weg und mein Weg waren inkompatibel geworden. In der äußeren Wahrnehmung aber spielte es eine Rolle, dass eine Gruppe mit einer Frau an der Spitze eine Partei mit einem Mann an der Spitze verlassen hatte. „Rosenkrieg" war nur einer der einschlägigen Begriffe, der im medialen Niederschlag zu finden war.

Noch bemerkenswerter war die Post, die ich bekam, und die persönlichen Begegnungen auf der Straße. Dass ich bislang von sexistischen Anpöbelungen relativ verschont geblieben war, hatte auch daran gelegen, dass zu dieser Zeit noch keine „sozialen Medien" zur Verfügung standen. Der Bruch mit der FPÖ aber löste eine Lawine an Post aus: einen Berg von Briefen mit sexistischen Hasstiraden, einen Berg von Respekt zollendem Zuspruch sowohl von Frauen als auch von Männern und einen Berg weiblicher Post, die meinen Schritt als einen Schritt weiblicher Emanzipation wahrnahmen und ihm für ihr eigenes Leben ebenfalls Bedeutung gaben. Zahllose Begegnungen auf der Straße spiegelten diese Rezeption wider; ich glaube, ich habe weder vorher noch nachher so vielen Frauen die Hand gegeben wie damals.

Das war schon ein sehr merkwürdiges Gefühl und nahezu ein Auftrag zum Feminismus. Feminismus bedeutet heute für mich, gegen ungerechte Herrschaftsverhältnisse zu kämpfen und dabei einen Schwerpunkt auf Frauenpolitik zu legen. FrauenministerInnen, die sich nicht als FeministInnen verstehen wollen, sind mir suspekt. Ich empfinde bei ihnen einen Rückstand an analytischer Auseinandersetzung, die ich für eine Voraussetzung ministerieller Tätigkeit halte. Es mag schon sein, dass solche MinisterInnen bereit sind, an Symptomen zu arbeiten, was durchaus sinnvoll sein und zu Verbesserungen führen kann. Solange sie aber vor der Diagnose für die Ungleichheit zurückschrecken, wird sich weder die individuelle noch die gesellschaftliche Situation grundlegend ändern. Ich habe viel von notwendiger Bewusstseinsänderung gesprochen. Ich halte die These, dass das Sein das Bewusstsein bestimmt, für richtig – aber auch für umkehrbar: Mit neuem Bewusstsein lässt sich ein neues Sein herstellen. In diesem Fall ein gleichwertiges Sein von Frau und Mann.

Demokratie muss man
sich leisten können.
Und zwar immer.

3

Demokratie muss man sich leisten können. Und zwar immer.

Als ich diese Überschrift formulierte, ahnte ich nicht, wie selbsterklärend sie schon kurze Zeit darauf werden würde. „Außergewöhnliche Zeiten erfordern außergewöhnliche Maßnahmen" war die Begründung, mit der weltweit wegen der Corona-Pandemie ein Shutdown der Demokratien erfolgte. Fast überall gab es tiefgreifende Einschnitte in einen Kernbereich der Demokratie, die Grund- und Freiheitsrechte. Sie wurden beschränkt und teilweise ganz außer Kraft gesetzt: Recht auf persönliche Freiheit, Schutz des Privat- und Familienlebens, Freiheit der Erwerbstätigkeit, Versammlungsfreiheit und manches mehr.

Die Art und Weise, wie diese Maßnahmen getroffen wurden, war in den verschiedenen Ländern sehr unterschiedlich. In den europäischen Demokratien waren drei Beispiele symptomatisch. In Ungarn ließ sich der Ministerpräsident Viktor Orbán von seiner parlamentarischen Regierungsmehrheit mit einem unbefristeten Ermächtigungsgesetz einen Blankoscheck zur möglichen Abschaffung der Demokratie ausstellen.

Die deutsche Regierungschefin Angela Merkel hielt im Parlament eine bemerkenswerte Rede. Sie bezeichnete die Pandemie als eine „demokratische Zumutung", weil diese genau das einschränke, was die existenziellen Bedürfnisse der Bürgerinnen und Bürger seien. Dies sei „nur dann erträglich, wenn die Gründe für die Einschränkungen transparent und nachvollziehbar sind und Kritik und Widerspruch nicht nur erlaubt, sondern wechselseitig eingefordert und angehört werden". Welch ein Demokratiebekenntnis!

Merkel stand unter demselben Handlungsdruck wie der österreichische Regierungschef Kurz. Dieser ließ im Parlament in fünf dicken Paketen 144 Gesetze als sogenannte Sammelgesetze einbringen, bei welchen keine einzelne, unterschiedliche Abstimmung stattfinden kann. Eine differenzierte Beurteilung wäre aber sowieso nicht möglich gewesen, da den Abgeordneten nur wenige Stunden Zeit zum Studieren gegeben wurde. Verlangt war ein „nationaler Schulterschluss" – und den bekam die Regierung dann. Wie hätte man sich einem solchen auch entziehen können? Welche Chance hätte die redliche Kommunikation gehabt, man habe keine Zeit bekommen, die Grundlage für die geforderte Zustimmung zu überprüfen? Noch dazu im Wissen, dass die Regierungsparteien über eine beschlussfähige Mehrheit verfügen, wenn auch nicht über eine Verfassungsmehrheit.

Was aber bedeutet das für die Demokratie, für das Parlament, für die Verantwortung der Abgeordneten? Die Bürger und Bürgerinnen hat dieses Prozedere offenbar nicht irritiert. In kurz darauf geführten Umfragen hatten die

Regierungsparteien Zustimmungswerte, die in die Nähe einer Zweidrittelmehrheit gingen. Das allerdings ist ein altbekanntes Phänomen: In Zeiten der Verunsicherung pflegen sich Menschen um „den Fahnenträger" zu versammeln. Und zwar selbst dann, wenn er den Qualitätsanspruch an seine Politik nicht wirklich einlöst. Auch Boris Johnson in Großbritannien und Giuseppe Conte in Italien erreichten trotz der besorgniserregenden Zustände in ihren Ländern überdurchschnittliche Zuwächse an Zustimmung.

———

Ist die Demokratie also nur ein Schönwetterregulativ? Kann man sich Demokratie in stürmischen Zeiten einfach nicht leisten?

Man muss sich klarmachen, was Demokratie ausmacht und was sie bedeutet, um diese Frage mit einem leidenschaftlichen „Nein!" beantworten zu können, mit der Bekräftigung, dass man sie sich *immer* leisten müsse.

Das System der Demokratie ist nicht nur durch die Prinzipien freier Wahlen, der Rechtsstaatlichkeit, der Partizipation, des Legalitätsprinzips, der Gewaltenteilung, durch Grund- und Freiheitsrechte und durch einen lebendigen Parlamentarismus gekennzeichnet. Die Demokratie ist vor allem dazu da, die Menschenwürde, Freiheit und Gleichheit der Menschen zu garantieren. Das ist ihre ureigentliche Aufgabe. Kein anderes System hat diese Zieldefinition, kein anderes System ist so geeignet, auf dieses Ziel hinzuarbeiten, wie die Demokratie.

Wie so oft werden Dinge und Werte erst dann bewusst wahrgenommen, wenn sie verloren gehen. Es ist daher nicht überraschend, dass eine diktaturgeprägte Regierungschefin ein anderes Demokratieverständnis hat als ein geschichtsvergessener junger Regierungschef. Und kann man sich vorstellen, dass ein deutscher Bundeskanzler, nachdem er nach einem Misstrauensvotum zurücktreten musste, wie es Helmut Schmidt im Jahr 1982 passiert ist, die Worte sagt: „Das Parlament hat bestimmt, aber das Volk wird entscheiden"?

Diese Formulierung, Ausdruck einer antiparlamentarischen und antidemokratischen Haltung, blieb dem österreichischen Jungkanzler vorbehalten, nachdem ihn eine Parlamentsmehrheit abgewählt hatte. In seinem darauffolgenden Wahlkampf avancierte der Satz sogar zu einem Slogan. Man muss nicht wie Helmut Schmidt das Geburtsjahr 1918 haben, um zu wissen, dass das Parlament ein Herzstück der Demokratie ist, weil es aufgrund von allgemeinen, geheimen Wahlen die Bürgerinnen und Bürger repräsentiert. Weil hier durch einen kompromisshaften Interessenausgleich die Spielregeln für unser Gemeinwesen gemacht werden. Aus persönlichem Unmut einen Gegensatz zwischen Parlament und Bevölkerung herzustellen, ist daher nicht nur falsch, sondern auch gefährlich. Die Diskreditierung eines parlamentarischen Rechts und vorhandener Mehrheiten diskreditiert die Institution an sich.

Das Bittere am erwähnten Zitat von Sebastian Kurz ist, dass es auf einen aufnahmebereiten Boden trifft, und das hat durchaus manch nachvollziehbare Gründe. Einerseits empfindet die Bevölkerung ihre Lebenswelten im

Parlament nicht entsprechend repräsentiert. Das wundert nicht, denn während 81 Prozent der Erwerbstätigen ArbeitnehmerInnen sind, sind dies nur 33 Prozent der ParlamentarierInnen. Bei den Selbstständigen ist es umgekehrt, denn während dies neun Prozent der BürgerInnen sind, finden sich 29 Prozent dieser Berufsgruppe im Parlament, wo öffentliche Bedienstete und Bauernstand ebenfalls überrepräsentiert sind.

Schwerer als dieses Defizit an Identifikationsmöglichkeiten aber wiegt wohl die unbefriedigte und zu oft enttäuschte Erwartungshaltung den Parteien und ihren PolitikerInnen gegenüber. Es ist eine verbreitete Meinung, dass vor Wahlen alles versprochen, allerdings nach Wahlen nichts gehalten werde. Diese Sichtweise hat mehrere Ursachen; manches ist verschuldet, manches systembedingt, manches einfach unzutreffend.

Bei einigen Versprechungen müsste einem eigentlich der in letzter Zeit so oft beschworene Hausverstand sagen, dass eine Einlösung völlig unrealistisch ist. Fast müsste man den Enttäuschten also zurufen: „Selber schuld!" Bei anderen Versprechungen geht es um Zielvorstellungen, die die beabsichtigte Richtung des Handelns beschreiben sollen, im Wissen, dass das Ziel selbst nicht so schnell zu erreichen ist. In diesem Fall wäre die ehrliche Sprache der WahlwerberInnen ebenso gefragt wie das Mitdenken der Umworbenen. Bei beidem ist in der Realität „Luft nach oben". Und schließlich ist nach einer Wahl nur umsetzbar, wofür eine parlamentarische Mehrheit gefunden wird, was kooperative Koalitionspartner voraussetzt.

Zu guter Letzt ist noch zu berücksichtigen, dass Österreich in ein größeres Ganzes eingebunden ist, in die EU, was sowohl Möglichkeit als auch Wirksamkeit unserer Regelungen entsprechend beeinflusst. Dieses Faktum wird allerdings bedauerlicherweise meist dann ins Treffen geführt, wenn es gilt, scheinbar Unpopuläres zu begründen und damit die Schuld von sich zu weisen. Damit werden aber gleich zwei negative Bilder erzeugt: das der gebundenen Hände unserer PolitikerInnen und das Feindbild EU. Beides entspricht zwar nicht der Realität, nützt jedoch zumindest kurzfristig so manchem Politiker.

Dabei wäre alles leicht kommunizierbar, würden Entscheidungsprozesse ehrlicher und transparenter ablaufen, würde die Politik nicht – mit heftiger Unterstützung der Medien – als Match des Gewinnens und Verlierens inszeniert werden, sondern als das verhandelnde Ringen um Ergebnisse.

Die Vergangenheit hat uns selten in die Karten der Demokratie schauen lassen. Die Austragung der Argumente der unterschiedlichen Interessen fand jahrzehntelang hinter verschlossenen Türen statt, die Ergebnisse wurden von den Verhandlungspartnern schließlich in einer Weise gelobt, als hätten sie beide nie etwas anderes gewollt. Einigkeit und Konsens wurden zur überhöhten Marke österreichischer Politik, Streit war diskreditiert. Nur ein Wahlkampf gab Gelegenheit zur Gegnerschaft und musste daher regelmäßig als politischer Kulturbruch empfunden werden, was er oft genug auch tatsächlich war. Konstruktiver Streit wurde in der Öffentlichkeit nie zu einer demokratischen Qualität entwickelt und hat aus diesem Grund im gesellschaftlichen Bewusstsein nie einen wesentlichen Platz eingenommen. Ich behaupte, dass wir daher in Österreich Demokratie nie wirklich gelernt haben. Es genügte, dass sie da war.

Das hängt allerdings auch mit der seinerzeitigen politischen Gemengelage in unserem Land zusammen. Bis zum Jahr 1983 hatten SPÖ und ÖVP gemeinsam oftmals mehr als 90 Prozent der WählerInnenstimmen, als dritte Partei kam die FPÖ kaum je über fünf Prozent hinaus. Das prägte die Stimmung, die Verhaltensweisen und das Demokratieverständnis im Land. Die Zahl der Parteimitgliedschaften war in Österreich weit höher als in anderen westlichen Ländern, und das hatte nahezu lebensbestimmende Gründe. ÖVP und SPÖ hatten sich – um es vereinfacht zu sagen – das Land aufgeteilt. Und um Wohnung, Arbeitsplatz, Aufträge zu bekommen, oder um Karriere zu machen, war es mehr als hilfreich, einer dieser Parteien anzugehören. Der Begriff „Parteibuchwirtschaft" muss eine österreichische Wortschöpfung sein, wiewohl vergleichbare Verhaltensweisen auch anderen Ländern nicht fremd sind.

Ich bin heute bereit, dem Beginn dieser Praxis neben dem Machtkalkül sogar einen beabsichtigten demokratiepolitischen Aspekt zuzugestehen. Nach der katastrophalen Abschaffung der Demokratie durch den Austrofaschismus und die Nationalsozialisten waren nun Menschen an der Macht, die einen solchen Verlust für die Zukunft ehrlich verhindern wollten. Die Aufteilung der Einflusssphären unter Demokraten schien ihnen dafür ein taugliches Mittel. Dafür nahmen sie die undemokratische Ausgrenzung all derer, die nicht dazugehörten, in Kauf, zumal sie vom macht-politischen Effekt dieser Praxis nachhaltig profitierten.

———

Ich glaube, dass es genau das war, das mich in meiner Studentinnenzeit zu einer Veranstaltung des Rings Frei-heitlicher Studenten verschlug. Dort formierte sich gerade eine Gruppe, die nach dem Vorbild der liberalen FDP in Deutschland auch bei uns eine liberale Partei entwickeln wollte. Sie wussten, dass das mit der FPÖ nicht einfach werden würde, aber sie waren idealistisch genug, es ver-suchen zu wollen. An die Gründung einer neuen Partei dachte damals niemand, hatte doch schon die FPÖ neben den beiden Großparteien kaum Luft zum Atmen. Öster-reich war damals Entwicklungsgebiet für die Demokratie. Der Rechtsstaat funktionierte zwar weitgehend, wenn man von der parteipolitischen Personalpolitik absieht, aber bei den Grund- und Mitbestimmungsrechten lag es ziemlich im Argen, von Frauenrechten ganz zu schweigen.

Seither hat sich viel geändert, die Personalpolitik hinkt noch nach, und ich habe die Entwicklung als Mitglied der Freiheitlichen Partei, das ich inzwischen geworden war, erlebt. Ich wurde es, weil mir dieser Beitritt mit Sicher-heit *keinen* Vorteil verschaffen würde, gern möchte ich ihn heute als Trotzreaktion dem System gegenüber sehen. Jedenfalls ging ich schließlich in die Politik und wurde Par-lamentarierin. Den Anfang machte der Bundesrat, ich war die erste freiheitliche Abgeordnete und die einzige dort. Ich erinnere mich an meine erste Rede und die Reaktio-nen darauf. Es ging um den von mir eingeforderten Beitritt zur EG, ich war sachlich, aber kritisch gewesen. Als ich mich setzte – damals war es noch üblich, dass man nach der sogenannten Jungfernrede von allen Applaus bekam – kam ein Abgeordneter zu mir, um mich zu beglückwünschen. Er meinte väterlich, ich hätte das zwar gut gemacht, allerdings sei es im Bundesrat nicht üblich, so angriffig zu sein. Sie hatten zum ersten Mal in ihrer Kammer eine Oppositionelle erlebt.

Als ich 1990 in den Nationalrat wechselte, gab es hier bereits vier Parteien, 1986 waren die Grünen dazugekommen. Das Parlament begann, seiner Aufgabe, die ja nicht nur im Beschließen, sondern auch in der Erarbeitung der Gesetze und vor allem in der Kontrolle besteht, gerechter zu werden als in der Vergangenheit.

Und doch gibt es bis heute, wie so oft, den bekannten Unterschied zwischen Theorie und Praxis. Zwischen dem, was sein soll, und dem, was ist. Ich weiß, dass nicht nur Regierungsmitglieder, sondern auch viele Bürgerinnen und Bürger das Parlament nicht ausreichend ernst nehmen und wertschätzen. Nicht nur manche Parlamentsdebatte lässt mich das verstehen. Auch die Tatsache, dass viele Gesetze in den Ministerien, manchmal sogar Interessenvertretungen erarbeitet werden und im Nationalrat kaum mehr veränderbar sind, trägt dazu bei. Vor allem, wenn man dies aus Sicht der Opposition erlebt, die ein Wesensmerkmal der Demokratie ist. Es entsteht der Eindruck, leider viel zu oft nicht zu Unrecht, dass das Parlament, der eigentliche Gesetzgeber, die Regierungspolitik mit einem vorgegebenem Abstimmungsverhalten seiner Abgeordneten einfach nur bestätigt.

Und doch muss man die Demokratie eben als einen Organismus sehen, dessen Herz – das Parlament – nur ein Organ von vielen ist, aber seine Beschädigung oder gar Ausschaltung den gesamten Organismus absterben lässt, wie unsere Geschichte bewiesen hat. Ich habe es daher auch immer empörend gefunden, dass ein Bild des dafür verantwortlichen seinerzeitigen Bundeskanzlers Engelbert Dollfuß bis zum gegenwärtigen Umbau des Parlaments einen Ehrenplatz in den Klubräumlichkeiten der ÖVP hatte.

Ein wesentliches Merkmal einer Demokratie ist, dass die unterschiedlichen Interessen der Menschen, die in einem Land leben, angemessen und fair berücksichtigt werden. Daher ihre Repräsentanz im Parlament, daher dessen Regelungsverantwortung, daher sein Kontrollauftrag gegenüber den Regierenden.

Gerade weil es um die Repräsentanz der BürgerInnen geht, hatte ich das Drei-Parteien-Parlament mit der erdrückenden Mehrheit der beiden Großparteien seinerzeit als höchst mangelhaft empfunden. Dass es nahezu keine liberale Stimme im Parlament gab, schien mir ein diskriminierendes Defizit. Daher auch der Versuch, solche in der FPÖ zu etablieren, und ich verstand mich als eine. Schon sehr bald aber musste ich erkennen, dass dieser Weg nicht zum Ziel führen konnte.

Nach der anfänglichen Bereitschaft des Parteichefs Haider, auch liberaler Politik Platz einzuräumen – aus heutiger Sicht wohl das Ausprobieren der WählerInnenwirksamkeit –, nahm die Partei zunehmend Kurs nach rechts. Das Ansteigen der Migrationszahlen begann die österreichische Stimmung immer mehr zu beeinflussen, Haider heizte die Angst vor „Identitätsverlust", vor Lohndumping oder gar vor Verlust des Arbeitsplatzes als öffentliche Themen der politischen Auseinandersetzung an. Dazu diente ihm auch ein Volksbegehren, das eine Zuwanderungsbegrenzung zum Ziel hatte und unter dem Titel „Ausländervolksbegehren" in die unrühmliche Parteigeschichte einging.

Es war der letzte Tropfen, der das Fass zum Überlaufen brachte. Gemeinsam mit vier weiteren Abgeordneten, nämlich Friedhelm Frischenschlager, Thomas Barmüller, Hans Helmut Moser und Klara Motter, verließ ich am 4. Feber 1993 den Parlamentsklub und die Partei der FPÖ und gründete das Liberale Forum samt neuer Fraktion im Parlament. Das ursprüngliche Drei-Parteien-Parlament, das 1986 mit den Grünen eine vierte Partei dazubekommen hatte, wurde gut sechs Jahre später zum Fünf-Parteien-Parlament.

Ein solches Vorgehen hatte es zuvor aber noch nie gegeben. Wir hatten unseren Einzug seinerzeit mit der Wahlpartei FPÖ geschafft und waren daher Mitglieder ihres Klubs geworden. Für die Neugründung eines Klubs mit ausgetretenen Mitgliedern gab es keinen Präzedenzfall.

Nachdem in einer ersten Reaktion SP, VP und Grüne unseren Schritt mit einer Mischung aus Respekt und Freude begrüßt hatten, stellte sich plötzlich die Frage der Zulässigkeit. Ich vermute, auch so manche Schadenfreude der FPÖ gegenüber war dem Erkennen gewichen, dass eine neue politische Konkurrenz entstehen würde.

Wir hatten uns die Geschäftsordnung des Parlaments genau angesehen und waren zum Ergebnis gekommen, dass eine neue Klubgründung möglich war. Das war deshalb von erheblicher Relevanz, weil damit wichtige parlamentarische Rechte und eine gewisse Finanzierung der künftigen politischen Arbeit verbunden sind. Es brauchte sieben Rechtsgutachten, die Parlamentspräsident Heinz Fischer einholen ließ, (zwei davon, die auf Vorschlag der FPÖ eingeholt worden waren, verneinten die Zulässigkeit), um unseren neu gegründeten Parlamentsklub rechtlich außer Streit zu stellen. Ich will mich hier nicht mit der Juristerei beschäftigen, sondern den Kern der positiven Begründung herausstreichen: Im Widerstreit zwischen Partei und freiem Mandat hat das freie Mandat mit seiner Organisationsfreiheit zu gewinnen. So hatten wir das auch gesehen – und das ist eine der wesentlichsten Erkenntnisse für den Parlamentarismus. Ich würde mir wünschen, dass dieses Prinzip viel öfter gelebt wird, und meine damit selbstverständlich nicht die Abspaltung von einer Partei, sondern die stärkere Wahrnehmung der Eigenverantwortung der ParlamentarierInnen ihren Parteien gegenüber.

Die Geschäftsordnung wurde im Übrigen inzwischen geändert, um einen ähnlichen Fall für die Zukunft zu verhindern (eigentlicher Anlass war allerdings das „Team Stronach", das 2012 gegründet wurde). Die neue Regelung entspricht nicht meinem Parlamentsverständnis. Dennoch glaube ich, dass es notwendig war, Überlegungen anzustellen, wie man möglichen Missbrauch verhindert, allerdings ohne die Rechte der Abgeordneten unangemessen einzuschränken. Es wird wohl immer riskanter, sich allzu sehr auf die Redlichkeit der handelnden Personen zu verlassen. Das Abstimmungsverhalten der Abgeordneten erweckt jedenfalls oft nicht den Eindruck des freien Mandats, das nur dem eigenen Gewissen verantwortlich ist. Ich fürchte, dass auch das dazu beiträgt, dass BürgerInnen einen Unterschied zwischen der Theorie, wie Parlament sein soll, und der Praxis, wie es ist, empfinden, was nicht gerade zu einer Imagesteigerung führt.

———

Aber selbst wenn diese Institution nur unvollkommen funktioniert, macht ihre respektierte Existenz den Unterschied zur Anarchie oder Diktatur. Jedes Scheibchen, dass ihrer Wertschätzung abgeschnitten wird, ist ein Scheibchen der Demontage und kann daher nicht ernst genug genommen werden.

Wie während der Anfangszeit der Pandemie mit dem Parlament umgegangen wurde, hat jedenfalls der Demokratie geschadet. Auch deshalb, weil die Vorgangsweisen in der Bevölkerung die falschen Botschaften implementiert haben.

Die Verfassungsmäßigkeit von Gesetzen als „juristische Spitzfindigkeit" abzutun, wie es Kanzler Kurz wiederholt getan hat, zeugt von einem beunruhigenden Rechtsverständnis. Das Ernstnehmen von gesetzlichen Vorgaben als spießiges Beharren „auf Punkt und Beistrich" abzuqualifizieren, hat eine verheerende Vorbildwirkung, und die Diffamierung von Kritik als „Anpatzerei", Hass oder Neid ist schlicht antidemokratisch. Alarmierend war die

Selbstherrlichkeit, mit der dem Parlament ein Budget zur Beschlussfassung vorgelegt wurde, dessen Zahlen ganz offen zugegeben falsch waren.

Natürlich gibt es Verständnis dafür, dass in einer Krisensituation wie einer Pandemie die Einschätzung der zu erwartenden Einnahmen und Ausgaben mehr als schwierig ist. Doch auch hier hat das Demokratieverständnis in Deutschland gezeigt, wie man mit einer Ausnahmesituation umgehen kann. Die österreichische Vorgangsweise wiegt deshalb so schwer, weil das Budgetrecht eine Kernkompetenz des Parlaments ist und nicht irgendein Gesetzesbeschluss. Ohne die Genehmigung der erforderlichen Mittel durch die Legislative dürfte die Exekutive ihre Arbeit gar nicht machen.

Das Budgetrecht des Parlaments ist somit das entscheidende Steuerungsinstrument. Auch deshalb ist es ein wesentliches Element im System der Gewaltenteilung, einem *der* Kennzeichen einer Demokratie. Sich darüber hinweg- und die Stimmenmehrheit der Regierungsparteien für ein Phantasiebudget einzusetzen, ist eine nahezu demonstrative Missachtung und Desavouierung des Parlaments. Gernot Bauer hat dazu im *Profil* die treffende Formulierung gefunden, dass der Kanzler sich nicht an die Gewaltenteilung halte, sondern lieber die Gewaltenreihung praktiziere. Die Bevölkerung allerdings entwöhnt man auf diese Weise von der Demokratie – dabei müsste das Gegenteil passieren.

Mehrere Studien kommen zu dem Ergebnis, dass antidemokratische und autoritäre Einstellungen seit Jahren im

Zunehmen begriffen sind, auch in Österreich und Deutschland. Zuletzt stimmten bei uns 22 Prozent der befragten Personen der Aussage zu, dass man einen starken Führer haben sollte, der sich nicht um ein Parlament und Wahlen kümmern müsse. Jedenfalls wünschten sich 43 Prozent der von der Studie erfassten Menschen einen „starken Mann" an der Spitze, während in derselben Studie 78 Prozent die Demokratie als beste Regierungsform bezeichneten. Der Zahlenwiderspruch (die Rechnungsgröße wäre demnach nicht 100 Prozent, sondern 121 Prozent) lässt den Schluss zu, dass sich zu viele Menschen zu wenig Gedanken über die Demokratie machen, denn die Demokratie verträgt keinen starken Mann an der Spitze (ungeachtet notwendiger Leadership). Die Tatsache, dass wir sie nun schon so lange haben, macht sie uns offenbar zu selbstverständlich, um über ihren Kern und darüber nachzudenken, was sie ausmacht, was sie kann und wozu wir sie brauchen. Wir lassen sie beschädigen und merken es gar nicht, wir verhalten uns undemokratisch und glauben, auf uns käme es nicht an. Andererseits aber wollen wir mitreden und führen ins Treffen, dass es sehr wohl auf uns ankomme.

———

Wir können es uns nicht aussuchen. Wenn wir Demokratie wollen, dann dürfen wir sie nicht einfach in die Ecke stellen, wenn sie uns zu mühsam wird. Demokratie lebt von ihrer Nutzung, sonst ist sie früher oder später ganz weg, und das ist oft ein schleichender Vorgang. Daher beruhigt es mich auch nicht ausreichend, wenn Umfragen in Österreich ergeben, dass ein hoher Prozentsatz der Befragten mit der Demokratie im Lande zufrieden ist.

Es fällt mir schwer, das als Distanz oder gar Resistenz einer Autokratie gegenüber zu interpretieren. Ich fürchte vielmehr, dass Reduktionen demokratischer Kultur nicht als solche wahrgenommen werden und man manches eben nicht ernst genug nimmt.

Sich an Vorschriften halten zu müssen, wird oft als eher lästige und belastende Pflichtübung empfunden. Da kann man schon Verständnis dafür haben, wenn man es in einer schwierigen Situation unter Zeitdruck eben nicht so genau nimmt. Das Verständnis für solches Verhalten ist umso größer, je weniger man den Sinn der Vorschriften und ihre Zusammenhänge erkennt. Wenn zum Beispiel das Parlament nur als Schaubühne wahrgenommen wird und nicht als Volksvertretung, also die Einbindung der Bürgerinnen und Bürger in Entscheidungen, wenn es als Unterstützung der Regierung und nicht als Gesetzgeber gesehen wird, dann wird die Geringschätzung des Parlaments nicht weiter beunruhigen. Wenn man nicht weiß, dass der Regelungsumfang eines Erlasses deshalb beschränkt sein muss, weil er von einer einzigen Person bestimmt werden kann, während ein Gesetz der Zustimmung einer Parlamentsmehrheit bedarf, dann wird man im falschen Einsatz dieser Instrumente kein Problem sehen.

Macht braucht nun einmal Kontrolle, in ruhigen wie in brisanten Zeiten. Die Demokratie ist das Regelwerk dazu. Setzt man sich über das Regelwerk hinweg, so setzt man sich über Demokratie hinweg; man beschädigt sie jedenfalls.

Demokratie ist jedoch kein Selbstzweck, sondern das einzige System, mit und in dem eine offene Gesellschaft existieren kann. Nimmt die Demokratie Schaden, so tut es auch die offene Gesellschaft. Und diese ist es, die unsere Lebensqualität bestimmt. Es geht um unsere Freiheit, es geht um unsere Menschenwürde. Und es geht darum, sich darauf verlassen zu können, dass diese Werte rechtsstaatlich abgesichert und geschützt sind. Also geht es auch um den Rechtsstaat, ohne den sämtliche realen und ideellen Errungenschaften dem gezielten oder zufälligen Verlust ausgeliefert wären.

Zugegebenermaßen ist Demokratie mühsam, sie muss ständig erarbeitet, verteidigt und weiterentwickelt werden, es gibt sie nicht zum Nulltarif. Auch der Rechtsstaat ist mühsam, er verlangt Wissen und Aufwand, er kostet Zeit und er beschert nicht selten Enttäuschung.

Sowohl Demokratie als auch Rechtsstaat verleiten daher manchmal zum Gedanken: „Machen wir's doch ohne". Damit meine ich nicht das auf dem sogenannten Ibiza-Video zutage getretene inferiore Sittenbild einer antidemokratischen, korrupten, schlicht unmoralischen Grundhaltung. Ich meine einfach die Annahme, man könne ohne Schaden für Demokratie und Rechtsstaat an ihnen vorbeiagieren. Das funktioniert schon deshalb nicht, weil es dabei um Haltungsfragen geht.

―――

Jede/r von uns hat schon einmal gegen Spielregeln verstoßen. Manchmal unbewusst, manchmal bewusst.

Es kann um Kleines, aber auch um Großes gehen. Wesentlich scheint mir dabei nicht nur der Grund für den Verstoß, sondern auch das Unrechtsbewusstsein, die Bereitschaft zur Fehlerkorrektur und die Einsicht in die Folgewirkungen. Das alles sind wesentliche Grundlagen für das Miteinander in einem demokratischen Gemeinwesen, es sind Merkmale der Kultur einer Demokratie und des Rechtsstaates. Zur Arbeit an der Demokratie gehört nicht nur, die gesetzlichen Spielregeln zu machen und einzuhalten, sondern auch eine Atmosphäre zu schaffen, die den demokratischen Geist atmet. Nur in einem solchen Klima entwickeln sich Zivilcourage und sogenannter ziviler Ungehorsam, Fähigkeiten, die der Eigen- und Mitverantwortung, die unserem Gewissen geschuldet sind. Alles das braucht die Demokratie, sie braucht Demokratinnen und Demokraten, sowohl auf Seite der Regierenden als auch auf der Seite der Regierten.

Es ist wohl an die dreißig Jahre her: Ich war freiheitliche Abgeordnete, es muss um ein umstrittenes, innerparteiliches Procedere gegangen sein. Ein junger Parteikollege, den ich durchaus mochte, suchte in den sogenannten Couloirs des Plenarsaals das Gespräch mit mir, um mich zu einer Zustimmung zu bewegen. Bis heute sind mir seine Worte in Erinnerung: „Ich weiß, dir geht's um die Demokratie. Aber lass uns das jetzt einmal machen und dann kümmern wir uns wieder um die Demokratie, ich versprech's dir." Er meinte es mit all seiner jugendlichen Naivität spürbar ernst. Mir aber begann klarer zu werden, wohin ein derartiger politischer Weg führen kann. Ich habe später bekanntermaßen die Partei verlassen. Viel später stand der Kollege von damals vor Gericht.

Wir alle machen Fehler und können uns irren, aber wir brauchen einen Kompass, um zu einer Haltung zu finden. Die Demokratie scheint mir dafür taugliche Anhaltspunkte zu geben, sie ist für mich eine Lebensform. Schon deshalb kann man sie nicht einmal aussetzen und dann wieder nutzen; jedenfalls nicht ohne Verlust der Glaubwürdigkeit, und auch die ist ein Klebstoff der Demokratie.

———

Zur Demokratie gehört auch Kritik. Sie reflexartig als Angriff oder österreichisch als „Anpatzerei" zu diskreditieren, ist undemokratisch. Eine Verfassungsdiskussion als juristische Spitzfindigkeit abzuqualifizieren zeugt von mangelndem Bewusstsein über die Bedeutung einer Verfassung. Wer den Einsatz parlamentarischer Kontrollrechte als parteitaktische Spielchen diffamiert, hat die Aufgaben des Parlaments nicht verstanden. Und wer meint, das Parlament bestimme, während das Volk entscheide, hat die Demokratie nicht verstanden.

Ja, sie kann mühsam sein, die Demokratie. Auch als ehemalige Parteichefin weiß ich, wovon ich rede. Aber wir dürfen sie nicht zur Seite schieben, wenn es schwierig wird, auch weil jedes Beispiel zum Präzedenzfall wird für nachfolgende Situationen. Der Zeitdruck für politisches Handeln in einer unerwartet auftretenden Krise ist unbestritten. Aber er ist kein Freibrief für eine Regierung, die parlamentarische Opposition zur Statisterie zu degradieren und den – wohlbegründeten – Stufenbau von Gesetzen, Verordnungen und Erlässen über Bord zu werfen. Man muss kein Formalist sein, um zu verstehen, dass Parlament und Verfassung Kernfunktionen für unsere Demokratie haben, dass die Gewaltenteilung – Regierung als Exekutive auf der einen Seite, Parlament als kontrollierende Legislative auf der anderen – zum Wesensmerkmal der Demokratie gehört. Es ist daher nicht verwunderlich, dass so viele von jenen, die beruflich mit der Demokratie zu tun haben und daher ihre Verletzbarkeit kennen, sich zunehmend öffentlich warnend zu Wort melden.

Noch nie seit dem Zweiten Weltkrieg hatten wir auch außerhalb von zuständigen Institutionen eine weltweite Debatte darüber, dass es nicht nur Aufgabe des Staates ist, das Leben der Menschen zu schützen, sondern auch ihre Gesundheit. Was das für die jeweiligen Gesundheitssysteme in Zukunft bedeuten wird, ist noch nicht abzusehen, aber ohne Auswirkung wird es nicht bleiben. Noch nie haben weltweit Staaten das Recht auf persönliche Freiheit, auf Erwerbsfreiheit und andere Grundrechte so rigoros beschnitten. Es ist erstaunlich, wie sehr die Menschen – auch in Demokratien – diese Beschränkungen lange Zeit weitgehend ohne öffentliche Diskussion mitgetragen haben. Dabei spielten Bilder und Angst eine ausschlaggebende Rolle. Die Einschränkungen waren der Preis dafür, vor einer bislang unbekannten Krankheit geschützt zu werden, die vor allem für einen relativ bald feststehenden Kreis einer Risikogruppe tödlich sein kann. Es ist beruhigend, dass nahezu keine Debatte darüber geführt wurde, ob diese schützenswerte Gruppe aufgrund ihres Profils grundsätzlich anders behandelt werden sollte als alle anderen.

Eine Möglichkeit wäre gewesen, nur dieser Gruppe besondere Pflichten bis zur Isolierung aufzuerlegen. In einer anderen Variante hätte man sie einfach ihrem erhöhten Risiko aussetzen können, ohne jene Schutzmaßnahmen zu treffen, die die gesamte Gesellschaft beeinträchtigen würden. In beiden Fällen wären als besonders gefährdet erkannte Menschen einer potenziell anderen Betroffenheit ausgesetzt gewesen als der Rest der Gesellschaft. Nahezu überall entschied man sich für eine gesetzlich verordnete Solidarität, die Einschränkungen für *alle* vorsah, durchaus im Bewusstsein, dass der Preis für alle hoch und nachhaltig sein wird. Man wollte sich damit auch der Zuspitzung zu einer „Triage" ersparen, ein Begriff, den die meisten von uns bis dahin nicht einmal kannten. Er steht für das ethische Dilemma, entscheiden zu müssen, wer eine lebensrettende Behandlung bekommt und wer nicht.

———

Die Pandemie hat nahezu allen vor Augen geführt, dass derartige Fragen der Güterabwägung nicht nur philosophische und theoretische sind, sondern ihre Beantwortung jederzeit von praktischer Relevanz für jede(n) von uns sein kann. Es ist von hoher Bedeutung für die demokratische Qualität und individuelle Lebenssicherheit, auf welchen ethischen Konsens sich eine Gesellschaft geeinigt hat. Sinnvollerweise sollte eine derartige Einigung ohne die Befangenheit und den Druck augenblicklicher Betroffenheit stattfinden.

Daher ist es wichtig, auch ohne konkreten Anlass Grundrechtsdiskussionen zu führen, um das gesellschaftliche Bewusstsein zu bilden, zu schärfen und ein reißfestes gesetzliches Sicherheitsnetz zu knüpfen, auf das man sich

92
—
93

verlassen kann. Das gilt für die Einschätzung vom Wert der Freiheit ebenso wie für den des Schutzes von Leben.

So mancher Einzelfall in der jüngeren Vergangenheit hat gezeigt, wie schnell zwar nicht Gesetze, aber der Konsens darüber in aufgeheizter Emotionalität über Bord gehen können. Wie beim prinzipiellen Demokratieverständnis ist auch beim grundsätzlichen Rechtsstaatsverständnis ein bemerkenswerter Unterschied zwischen Österreich und Deutschland feststellbar, jedenfalls was die staatlichen Institutionen betrifft. Und dieser gereicht Österreich zumindest bei den folgenden Beispielen zur beklagenswerten Schande. Mein Entsetzen ist ein wenig durch die Hoffnung gemildert, dass die Reaktionen heute wohl andere wären.

Es geht um das Folterverbot. Unter Folter versteht man das vorsätzliche, gezielte Zufügen von Schmerzen, Angst oder massiver Erniedrigung durch Angehörige des öffentlichen Dienstes, also VertreterInnen des Staates, um zu bestrafen oder ein bestimmtes Verhalten zu erreichen. Folter ist durch die UN-Antifolterkonvention international geächtet. Dennoch wissen wir, dass vor allem im Umgang mit TerroristInnen oder sonstigen sogenannten StaatsfeindInnen Folter angewendet wird, aber dieser inakzeptable Umstand soll hier nicht das Thema sein. Hier soll es um jenen scheinbar abgesicherten gesellschaftlichen Konsens gehen, wie vor allem Menschen mit Amtsgewalt mit anderen umzugehen haben, und zwar auch dann, wenn sich diese außerhalb der Rechtsordnung gestellt haben.

In Wien soll im April 2006 der gambische Schubhäftling Bakary J. mit dem Flugzeug außer Landes gebracht werden. Da er sich wehrt, verweigert der Pilot den Transport und Bakary J. wird von vier Polizisten wieder abgeführt. In Frankfurt entführt im September 2002 ein deutscher Student einen Bankierssohn, erpresst eine Million Euro und wird gefasst. Dass der Täter das Kind bereits ermordet hat, wissen die Ermittler nicht.

Auf den ersten Blick haben die beiden Fälle nichts miteinander zu tun. Im österreichischen Fall bringen die vier Polizisten den Gambier in eine Lagerhalle, in der sie ihn zusammenschlagen. Sie erfüllen damit den Tatbestand der Folter. Im deutschen Fall weist der stellvertretende Frankfurter Polizeipräsident den Vernehmungsbeamten an, dem Entführer Schmerzen anzudrohen, um das entführte Kind zu finden und sein Leben zu retten. Auch hier geht es um den Tatbestand der Folter. Im österreichischen Fall wurde die Tat mit ungeheurer Brutalität tatsächlich ausgeführt, im deutschen Fall bleib es bei der Androhung, die durch den Vorgesetzten angeordnet worden war.

Im österreichischen Fall gab es drei Verurteilungen zu acht Monaten Haft, eine zu sechs Monaten, und zu dieser Geringschätzung des Opfers kam dazu, dass zwei der vier Täter noch sechs Jahre später im Polizeidienst waren und die beiden anderen mit vollen Ansprüchen „wegen psychischer Probleme" in Frühpension geschickt wurden. (Daraufhin arbeitete einer nebenbei bei einem privaten Sicherheitsdienst.)

Im deutschen Fall wurden die beiden Täter, der stellvertretende Polizeipräsident, der die Drohung angeordnet, und der Beamte, der sie ausgesprochen hatte, bereits zwei Jahre später zu einer Geldstrafe verurteilt.

Wenn man die in den durchgeführten Verfahren von staatlicher Seite vorgenommenen Erwägungen und Begründungen zum rechtswidrigen Verhalten der Beamten vergleicht, eröffnen sich zwei gegensätzliche Denkwelten. Der Schubhäftling Bakary J. war in einer eigens dafür aufgesuchten Lagerhalle von den Polizisten brutal zusammengeschlagen worden, wobei ihm Jochbein, Kiefer und Augenhöhle gebrochen wurden. Die Gerichte aber urteilten milde über die Täter, die Disziplinarbehörden fanden keinen Grund für eine Entlassung. Sie bezeichneten die Täter als verlässlich und „nicht von gewalttätiger Natur" – und gestanden den Vieren gegen Einen eine allgemein begreifliche heftige Gemütsbewegung mildernd zu. Erst der Verwaltungsgerichtshof hob die Bescheide auf und erst die spätere überprüfende Recherche der Zeitung *Falter* führte zur tatsächlichen Entlassung und zur rückwirkenden Aberkennung der Ansprüche der Frühpensionisten.

Im deutschen Fall hingegen setzte sich das Gericht ausführlich mit der Verletzung der Menschenwürde des Folterunterworfenen auseinander, die durch nichts zu rechtfertigen sei. Selbst der Aspekt der Nothilfe zur Befreiung des Kindes sei nicht schuldbefreiend, weil dabei die Verletzung des fundamentalsten Menschenrechts, in dem Fall die Würde des Entführers, in Kauf genommen worden sei. Mit Blick auf die Geschichte während des Nationalsozialismus dürfe ein solcher Tabubruch nicht hingenommen werden. Als mildernd wurde die ausweglose Situation und die ehrenwerte und verantwortungsbewusste Gesinnung der Täter anerkannt.

Beide Fälle haben in der Bevölkerung heftige Diskussionen ausgelöst. In Österreich ging es um Rassismus und Polizeigewalt, die von Gericht und Aufsichtsbehörde erschreckend verharmlost worden waren. In Deutschland diskutierte man darüber, wie weit man gehen dürfe, um Menschenleben zu retten. Der Begriff „Rettungsfolter" versucht das ethische Dilemma zu bezeichnen, wenn das Leben von Menschen nur durch Gewalt gegen das Leben anderer Menschen gerettet werden kann. In beiden Ländern wurde also anhand des Straftatbestands Folter über das System diskutiert. In einem, weil in der nachfolgenden Beurteilung der Geschehnisse durch staatliche Stellen dem Leben zu wenig, im anderen, weil dem „falschen" Leben zu viel Schutz zugesprochen worden war.

Es geht um das Rechtsverständnis staatlicher Institutionen und es geht um die Auswirkungen auf die Bevölkerung, vor allem auf die betroffenen Personen. Was haben die Misshandlungen von Bakary J. nicht nur mit seinem Körper, sondern mit seinem Vertrauen in den Staat gemacht? Wie wirkt sich die obszöne Milde den gewalttätigen Polizisten gegenüber auf sie und ihre KollegInnen aus? Welche Ausstrahlung hat das auf das Rechts- und Demokratiebewusstsein der Bevölkerung?

Derart prinzipielle Fragen stellen sich auch im deutschen Fall. Der stellvertretende Polizeidirektor sprach davon, seine Anordnung sei die schwerste Entscheidung seines Berufslebens gewesen. Die gerichtlichen Ausführungen zu seinem Schuldspruch werden sein Sensorium wohl weiterentwickeln, auch wenn sie seine Zweifel vielleicht nicht ausräumen können. Nicht zu unterschätzen aber ist die Botschaft, die von den Erkenntnissen ausgeht, und zwar für die BürgerInnen ebenso wie für die Verwaltung. Insbesondere falsche Loyalität in der Beamtenschaft, die bei polizeilichen Übergriffen ein uraltes Systemproblem darstellt, hat durch den beschriebenen österreichischen Fall giftige Nahrung bekommen. Gerichte und Verwaltungsbehörden machen sich damit mitschuldig und jüngste, nur durch private Videos an die Öffentlichkeit gelangte weitere Gewaltvorfälle sind ein Ergebnis davon.

Ungeachtet dessen wurde der gesellschaftliche Konsens über ein Folterverbot aber nicht infrage gestellt. Dazu war die Verwerflichkeit der polizeilichen Vorgangsweise zu offenkundig. Anders war es im deutschen Fall. Hier geriet die Übereinkunft über das Folterverbot angesichts des Ziels einer Lebensrettung gehörig ins Wanken. Doch darf je der Zweck die Mittel heiligen? Wer sollte bestimmen, wo die Grenze ist? Wer entscheiden, wann ein Ziel Folter rechtfertigt? Wie weit dürfte Folter gehen? Müsste sie dann nicht sogar zum Ausbildungsgegenstand werden? (Wir wissen, dass es auch westliche Demokratien gibt, die derartige SpezialistInnen beschäftigen.)

———

Ich fühlte mich an ein dickes Buch erinnert, das ich von meinen MitarbeiterInnen einmal zum Geburtstag bekommen hatte: die *Constitutio Criminalis* von Maria Theresia, die seinerzeit als großer Fortschritt angesehen wurde. In ihr wird unter anderem erstmals penibel geregelt, wie die Folter anzuwenden, ab wann ein Arzt beizuziehen und wann sie zu beenden sei. Wollen wir 250 Jahre zurück?

Grundrechtsfragen sind immer auch Fragen der Demokratie. Sie öffentlich zu diskutieren, gehört zur gelebten demokratischen Kultur. Dabei kommt es allerdings sehr darauf an, welchen Rahmen man ihnen gibt. Ein gutes Beispiel dafür ist das Theaterstück *Terror* (2015) von Ferdinand von Schirach, das 2016 auch verfilmt wurde. Im Kern geht es darum, dass Terroristen ein Flugzeug mit 164 PassagierInnen in ihre Gewalt bringen, um es in ein Fußballstadion mit 70.000 ZuschauerInnen zu lenken. Ein Kampfpilot schießt es ab. Im darauffolgenden Prozess geht es darum, ob der Pilot unschuldig oder schuldig zu sprechen ist. Im Theater stimmen die BesucherInnen in der Pause darüber ab, der Schluss des Stücks passt sich dem gefällten Urteil an, manchmal gibt es im Anschluss eine Podiumsdiskussion. Es gab aber auch eine Fernsehproduktion unter der Zusammenarbeit des deutschen, österreichischen und Schweizer Fernsehens. Der Film wurde in allen drei Ländern am selben Abend gezeigt, mit der Aufforderung an die ZuseherInnen, per Handy abzustimmen.

Ich halte Schirachs Buch für höchst bemerkenswert und für einen wichtigen demokratiepolitischen Anstoß. Ich glaube auch, dass es eine spezifische Herausforderung an das eigene Denk- und Urteilsvermögen sein kann, in der reflektierten Atmosphäre einer Theaterpause zu einer subjektiven Entscheidung kommen zu müssen. Für nahezu verantwortungslos aber halte ich es, Menschen dazu zu verführen, in lockerer Fernsehabendstimmung zwischen Chips und Toilettenpause per Handy ein „Urteil" zu fällen, das dann auch noch als das Rechtsverständnis des Volkes interpretiert wird.

Unsere Erfahrungen mit dem „gesunden Volksempfinden" waren offenbar keine ausreichende Lehre. In Deutschland wenigstens gab es vor der Ausstrahlung warnende und kritische Stimmen zu diesem Projekt und im Anschluss an den Film eine differenzierte Diskussion. In Österreich sah man weder vorher Anlass zur Kritik noch nachher zur Diskussion.

———

All diese Beispiele lassen mich glauben, dass Deutschland aus seiner Vergangenheit mehr gelernt hat als Österreich. Im Übrigen wäre das Abschießen des Flugzeugs, das in den drei genannten Ländern von jeweils weit mehr als 80 Prozent der ZuschauerInnen für richtig befunden wurde, jedenfalls in Deutschland ohne jeden Zweifel rechtswidrig. Der Deutsche Bundestag hatte nämlich nach den Terroranschlägen vom 11. September 2001 ein Luftsicherheitsgesetz beschlossen, mit dem ein derartiger Abschuss ermöglicht worden wäre. Der Liberale Burkhard Hirsch, den ich als Abgeordnete kennengelernt hatte und an den ich mit großer Wertschätzung zurückdenke (er ist im März 2020 gestorben), erachtete dies als grundrechtswidrig und klagte beim Bundesverfassungsgericht. Dieses gab ihm recht und erklärte im Feber 2006 die Bestimmung für nichtig, weil es unvorstellbar sei, dass der Staat unschuldige Menschen vorsätzlich töte. Selbst wenn dies der Rettung anderer diene, würden sie so verdinglicht und entrechtet.

In Österreich gibt es im Übrigen eine derartige Festlegung nicht. Wir haben zwar Eurofighter, aber wie sich der Kampfpilot im Ernstfall zu verhalten hat, ist der Augenblicksentscheidung des Verteidigungsministers überlassen. Auch die Frage, wie mit einer allfälligen gegenteiligen Auffassung des Oberbefehlshabers des Bundesheeres, des Bundespräsidenten, umzugehen wäre, ist ungeklärt. Ich habe den Eindruck, dass man sich bei uns einfach darauf verlässt, dass der Ernstfall schon nicht eintreten werde. Positionsklarheit ist nicht gerade eine österreichische Stärke.

Ich wäre stolz auf ein Grundrechtsbewusstsein, wie es das deutsche Bundesverfassungsgericht formuliert hat, aber ich finde, dass es uns Sorge machen sollte, dass ein so großer Anteil der Bevölkerung in mehreren Staaten dieses offensichtlich nicht teilt. Wenn Gesetze und das Verständnis für sie zu weit auseinanderliegen, kann das in den Händen von PopulistInnen zum Sprengstoff für die Demokratie werden. Es ist leichtfertig, Derartiges nicht ernst zu nehmen, doch ich habe das Gefühl, dass die Politik in Österreich das allgemeine Grundrechtsbewusstsein als Luxusproblem empfindet.

Wenn man sich mit den Erkenntnissen der Verfassungsgerichtshöfe in Deutschland und Österreich beschäftigt und weiß, welche Auswirkungen diese Rechtsprechung hat, beginnt man zu verstehen, wie sehr es darauf ankommt, mit welchem Menschen- und Weltbild die dortigen

RichterInnen urteilen. Dass ihre Bestellung ein Politikum darstellt, ist nur zu verständlich. Schließlich geht es vornehmlich um die Kontrolle und Interpretation von Normen des Gesetzgebers, dessen Interesse es ist, dass sein politisches Wollen möglichst unangetastet bleibt. Ob eine Bestimmung beispielsweise gegen das Diskriminierungsverbot oder den Gleichheitsgrundsatz verstößt, kann nicht nur einen Unterschied, sondern nahezu eine Kehrtwendung in einer gesellschaftlichen Entwicklung einleiten. Es wäre daher nötig, die Nominierungsrechte für den Gerichtshof zu reformieren. Wäre beim Vorschlagsrecht, das neben der Bundesregierung auch der National- und Bundesrat haben, bei diesen beiden Kammern eine Zwei-Drittel-Mehrheit vorgesehen, hätte auch die Opposition die Chance, mitzubestimmen. Ich hielte das für demokratischer als die derzeitige Regelung der einfachen Mehrheit.

———

Es geht immer darum, die Demokratie weiterzuentwickeln. In einer Demokratie wird nicht dekretiert, sondern argumentiert. Grundlage für Entscheidungen müssen öffentlich gemachte Informationen sein, die Einsicht in Zusammenhänge, die Einschätzung von Auswirkungen, ein öffentlicher Meinungsbildungsprozess und ein demokratischer Entscheidungsprozess. Auch wie der Stärkere mit dem Schwächeren umgeht, ist eine Frage der politischen Kultur, und damit ist nicht nur die Verbriefung von Minderheitsrechten gemeint.

Für all das haben wir Mechanismen entwickelt. Die gute Nachricht ist: Die Mechanismen funktionieren im

Großen und Ganzen. Die weniger Gute: Sie reichen nicht mehr aus. Auch dafür gibt es eine Vielzahl von Gründen; einen übergeordneten sehe ich darin, dass der Politik die Entscheidungsmacht in zu vielen Bereichen entglitten ist. Das hat Ursachen in der zunehmenden Komplexität der Probleme, in der Globalisierung und in der massiv veränderten Hierarchisierung zwischen Politik und Wirtschaft. Aber auch im verbliebenen Kompetenzfeld der Politik hat sich vieles verändert: Die nationale Ebene ist geschrumpft, die internationale ist gewachsen, das politische Instrumentarium jedoch ist noch nicht ausreichend angepasst. Dazu kommt, dass im Anpassungsprozess Fehler passiert sind, die auf internationaler Ebene weit schwerer korrigierbar sind, als sie es auf nationaler Ebene wären. Das Einstimmigkeitsprinzip der EU oder die Dublin-Regelung sind Paradebeispiele. Gut gemeint im kleinen Kreis zu guter Zeit, untauglich für den großen Kreis in brisanter Zeit. Schon die Egoismen in einem föderalen Nationalstaat sind schwer auszugleichen, in einem Zusammenschluss von 27 Staaten ist es eine Mammutaufgabe.

Dazu kommt, dass offenbar zunehmend ein PolitikerInnentypus an die Macht kommt, dem das eigene, demonstrative Muskelspiel wichtiger ist als zurücknehmendes gemeinsames Handeln. Für diesen Typus ist der Grundgedanke der EU – die Friedenssicherung – je nach persönlichem Vorteil an- und abrufbar; die Erfahrungen des Zweiten Weltkriegs, die zur Gründung geführt haben, sind für ihn lediglich Geschichtswissen. Europapolitik aber bräuchte mehr noch als andere Politikfelder Überzeugung durch Leidenschaft.

Das alles erweckt bei zu vielen Bürgerinnen und Bürgern den Eindruck, weder Politik noch Demokratie seien ihren Aufgaben gewachsen. Das Sinken der Wahlbeteiligung, das Erstarken populistischer Parteien und die Hoffähigkeit antidemokratischer Thesen sind die Folgen. Eine der gefährlichsten Folgen ist die der „illiberalen Demokratie", wie sie der ungarische Ministerpräsident Viktor Orbán propagiert. Indem er für einen unauflöslichen Widerspruch einen irreführenden, aber einprägsamen Begriff kreiert, schafft er die Ausgangsbasis für eine Diskussion über angebliche Demokratieformen, die es jedoch gar nicht geben kann.

Eine „illiberale Demokratie" ist nämlich keine, weil die Merkmale der Demokratie Liberalität erfordern. Dafür liefert Orbán, nun schon in seiner dritten Regierungsperiode, laufend die Beweise, indem er die Medien unter seine Kontrolle bringt, die Freiheit von Wissenschaft und Lehre ebenso einschränkt wie die Meinungsfreiheit, Kultur und vieles andere mehr. Er verkündet es seit Jahren ganz offen: Für ihn ist „die Epoche der liberalen Demokratie zu Ende". Sie habe sich als ungeeignet erwiesen, die Würde des Menschen zu verteidigen sowie Freiheit und physische Sicherheit zu gewährleisten. Anstelle der seiner Meinung nach „schiffbrüchigen liberalen Demokratie" wolle er die „christliche Demokratie des 21. Jahrhunderts" aufbauen. Was er aufbaut, hat jedoch mit Demokratie außer dem Namen nicht mehr viel zu tun. Die EU hat daher im September 2019 wegen schwerwiegender Verletzung der Grundwerte der Union, zu denen auch die Demokratie gehört, ein Rechtsstaatsverfahren gegen Ungarn eingeleitet. Der Europäische Gerichtshof hat inzwischen ein Gesetz, mit dem Orbán vor allem eine liberale Universität aus dem Land schaffen wollte, für EU-rechtswidrig erklärt. Das ist aber nur ein Tropfen auf den heißen Stein.

Mit seiner Wortschöpfung der „illiberalen Demokratie" hat Orbán jedenfalls erreicht, was er wollte. Als in Ungarn ein weiterer Schub in Richtung Diktatur stattfand, wie mit einem unbefristeten Ermächtigungsgesetz zu Beginn der Corona-Krise, fand der österreichische Bundeskanzler im Gegensatz zu europäischen Kollegen „keine Zeit" für eine Beurteilung, als gehe es eben nur um eine andere Form der Demokratie. Das wollte offenbar auch seine Europa- und Verfassungsministerin Karoline Edtstadler damit ausdrücken, wenn sie dazu lediglich meinte, man selbst gehe „den österreichischen Weg". So beunruhigend für die Demokratie solche Reaktionen sind, überraschend sind sie nicht. Immerhin war Orbán der erste Staatsgast von Sebastian Kurz als Bundeskanzler in dessen erster Regierungskoalition mit den Freiheitlichen. Die Einladungspolitik wird von allen Staaten immer als bedeutendes Signal mit entsprechendem politischen Gewicht eingesetzt. So war es auch in diesem Fall, und das Gewicht wurde durch den späteren, relativierenden Hinweis nicht geringer, dass beim gesellschaftlichen Ereignis des vorangegangenen Neujahrskonzertes der niederländische Ministerpräsident zu Gast gewesen sei.

Wie also ist es um das Bewusstsein für das Wesen der Demokratie bestellt? In Kreisen von Regierungen ebenso wie in Kreisen der Bevölkerung? Wie stellen wir es an, mehr Bürgerinnen und Bürgern deutlich zu machen, worauf es in der Demokratie ankommt, damit sie nicht nur ihre Beschädigungen erkennen, sondern sich auch zur Wehr setzen? Wie motivieren wir sie, um sich an der Weiterentwicklung zu beteiligen?

———

Unser vorhandenes Regelwerk reicht, wie schon angesprochen, nicht mehr wirklich aus und ist überdies unvollkommen. Auf der europäischen Ebene etwa wird noch manches für die Demokratie zu tun sein, aber da muss man sich erst einmal auf eine Zielvorstellung einigen. Europäischer Bundesstaat mit einer dem Europäischen Parlament verantwortlichen Regierung mit all den dazu notwendigen Initiativ- und Kontrollrechten und sonstigen Einrichtungen? Ein für mich erstrebenswertes Ziel. Oder eine Staatengemeinschaft, die sich immer mehr auf ihre wirtschaftlichen und allenfalls sicherheitspolitischen Interessen konzentriert und reduziert und dafür ihr Instrumentarium ausbaut?

Man kann auch das als eine friedenssichernde Option bezeichnen, je nachdem wie eng man den Begriff des Friedens definiert. Auch in Diktaturen kann Frieden herrschen. Mehr gemeinsames Handeln ist jedenfalls für beide Varianten erwünscht, soll das Projekt EU nicht völlig versanden. Ich gehöre nicht zu jenen, die in den Chor des Abgesanges einstimmen, also versuche ich einen optimistischen Blick auf die Entwicklung und werde mich im Kapitel 4 ein wenig damit auseinandersetzen.

Kommen wir auf die nationalstaatliche Ebene zurück. Und hier möchte ich eine Lanze für die repräsentative Demokratie und den Parteienstaat brechen. Um nicht missverstanden zu werden: Ich plädiere nicht für den Zustand, den wir erleben; ich plädiere für das System, das wir haben! Allerdings muss innerhalb dieses Systems so manche Spielregel redlicher und ernster genommen werden, ebenso wie auch die Spielregeln weiterentwickelt und verbessert werden müssen. Es gibt viele Details, die zu einer Veränderung der Funktionsweisen führen könnten. Ich möchte nur zwei Gedanken aufgreifen, die die Bürgerinnen und Bürger unmittelbar betreffen und von denen sich viele eine Belebung und damit Festigung der Demokratie erwarten: der Ausbau der direkten Demokratie und die Entwicklung neuer Entscheidungsformen.

In Österreich gibt es vier Instrumente der direkten Demokratie, deren Ergebnis allerdings nur in einem Fall bindend ist: bei der Volksabstimmung. Geht es um die Gesamtänderung unserer Verfassung (und dabei gibt es durchaus Interpretationsspielraum), so ist sie verpflichtend vorgesehen. Eine solche gab es bisher nur einmal, nämlich 1994: Die Bevölkerung sollte darüber entscheiden, ob Österreich der EU beitreten solle. 82,3 Prozent der Wahlberechtigten beteiligten sich, 66,6 Prozent sagten Ja. Davor war die Bevölkerung nur einmal befragt worden. Als 1978 in Zwentendorf das erste Kernkraftwerk Österreichs fertiggestellt und eine Debatte über die Nutzung von Atomkraft ausgebrochen war, wurde die Inbetriebnahme einer Volksabstimmung unterzogen: 64,1 Prozent der berechtigten StaatsbürgerInnen beteiligten sich, 50,5 Prozent sagten Nein.

Ein weiteres Instrument ist das der Volksbefragung, doch bindet das Ergebnis die Politik nicht. Es kann auf Bundes- wie auf Landesebene eingesetzt werden, bundesweit gab es bisher nur eine Volksbefragung. 2013 sollte sich die Bevölkerung zwischen Berufsheer und allgemeiner Wehrpflicht entscheiden. 52,4 Prozent der Wahlberechtigten beteiligten sich, 59,7 Prozent davon votierten für die Wehrpflicht. Dann gibt es auch noch das Instrument des Volksbegehrens, mit dem 100.000 Bürgerinnen und Bürger die Behandlung eines bestimmten Themas im Parlament erzwingen können, ohne allerdings einen Anspruch auf ein bestimmtes Ergebnis zu haben. Seit 1964 wurde ein solches Begehren 45 Mal auf den Weg gebracht, 36 Mal hat das Thema das Parlament erreicht. Und schließlich gibt es auch die Möglichkeit von Bürgerinitiativen, deren Anliegen dann, wenn sie von 500 Menschen unterstützt werden, vom Petitionsausschuss im Parlament behandelt werden müssen.

Das politische Ergebnis von Volksbegehren und Bürgerinitiativen ist bis auf wenige Ausnahmen für engagierte Menschen mehr als enttäuschend. Im Regelfall erlebt man Pflichtübungen im Parlament und althergebrachte Argumente, ohne dass der angestoßene Diskurs wirklich geführt wird. Das liegt aber nicht an der Untauglichkeit der Instrumente, sondern am Umgang damit. In letzter Zeit wurden daher zu Recht Maßnahmen entwickelt, um einen angemesseneren Umgang zu erreichen. Inwieweit das ausreichen wird, ist offen, das Verhalten von ParlamentarierInnen ist nur bedingt regelbar.

Dennoch behaupte ich, dass die direkte Demokratie, die die repräsentative unterstützen soll, in Österreich ziemlich gut verankert ist. Das ist gut so. Unser System ist anders als das in der Schweiz, und auch das ist gut so. Ich sehe keine Notwendigkeit für einen weiteren Ausbau, gestehe allerdings zu, dass ich mir eine stärkere demokratische Einbindung der Bevölkerung und damit eine höhere Verantwortungsübernahme durchaus wünsche. Man muss aber genau überlegen, welche Mittel zu diesem Ziel führen und welche sogar einen antidemokratischen Effekt haben können.

Ich habe in Zusammenhang mit der Schulpolitik auf eine im Jahr 2010 durchgeführte Bürgerbefragung in Hamburg hingewiesen. Die wissenschaftliche Analyse der Beteiligungsmuster brachte überdeutlich den Zusammenhang zwischen ökonomischer Situation und Teilnahme hervor. In manchen Stadtvierteln beteiligten sich bis zu 60 Prozent der BewohnerInnen an der Befragung, in anderen lag die Beteiligung unter 20 Prozent. Die Ursache für die höhere Teilnahme waren höheres Einkommen und niedrige Arbeitslosigkeit im Gegensatz zu Gegenden mit Armut und höherer Arbeitslosigkeit. Bei einem höheren AusländerInnenanteil verringerte sich die Beteiligung beträchtlich.

Diese Erkenntnisse sind durchaus repräsentativ zu nehmen. Sie bedeuten, dass der demokratische Grundsatz, nach dem die Stärkeren die Mitverantwortung für die Schwächeren übernehmen, durch die direkte Interessendurchsetzung ausgehebelt werden kann. Das Problem stellt sich in abgemilderter Form allerdings ebenfalls beim allgemeinen Wahlrecht. Auch hier ist feststellbar, dass die Wahlbeteiligung bei ökonomisch benachteiligten Gruppen weit geringer ist als in gut gesicherten Verhältnissen. Die konservative Bertelsmann-Stiftung warnte schon vor Jahren davor, dass sich Deutschland zu einer „Demokratie der Besserverdienenden" entwickle. Das war allerdings vor dem Auftreten der AfD. Das Problem ist in der Zwischenzeit nicht kleiner geworden, es hat sich nur verschoben.

———

Aufrecht geblieben ist die Erkenntnis, dass eine faire Lösung der sozialen Frage eine unabdingbare Voraussetzung für Demokratie ist. Der weltweite (angesichts unserer Möglichkeiten zynisch geringe) Rückgang an Armut darf nicht darüber hinwegtäuschen, dass die Schere zwischen Arm und Reich in den Nationalstaaten immer weiter auseinandergeht. Die Corona-Krise hat die unverhältnismäßig unterschiedliche Betroffenheit der Menschen, je nach ökonomischer Situation, drastisch vor Augen geführt. Und wenn man weiß, dass in Österreich laut einer Nationalbankstudie zehn Prozent der reichsten Haushalte über die Hälfte des gesamten Nettovermögens des Landes verfügen, während die ärmere Hälfte der Bevölkerung nicht einmal vier Prozent davon besitzt, kann man sich vorstellen, zu welchen katastrophalen Lebenssituationen die Pandemie geführt hat und führt.

Es ist nicht nur inhuman, Menschen mit dem Problem ihrer Existenzsicherung allein zu lassen, sondern reißt auch ein Loch in die Demokratie, wenn sich diese nicht mehr an ihr beteiligen oder sich unter den trügerischen

Schutzmantel antidemokratischer Kräfte begeben. Ich halte daher auch aus demokratiepolitischer Sicht die Einführung eines bedingungslosen Grundeinkommens seit Jahren für unerlässlich.

Der Soziologe Ralf Dahrendorf, aus dessen Gesprächen mit mir ich viel gelernt habe, hat stets drei gleichrangige Ziele für eine Demokratie und ihre offene Gesellschaft definiert: die Sicherung der Grundrechte, die Sicherung des sozialen Zusammenhalts und die Sicherung der Wettbewerbsfähigkeit des Landes. Ich bin überzeugt, dass die Demokratie leidet, wenn man auch nur eines der Ziele aus den Augen verliert oder das eine gegen das andere ausspielt. Schon die Zieldefinition prägt eine Gesellschaft, und die Lebensqualität ihrer Menschen hängt davon ab, wie nahe wir diesen Zielen kommen.

———

Jedenfalls steht die Demokratie zunehmend unter Druck. Das belegt auch die Vielzahl an Büchern, die in den letzten Jahren auf den Markt gekommen sind, die sich mit ihren Gefährdungen auseinandersetzen und Anleitungen zur Wehrhaftigkeit sowie Ideen zu ihrer Belebung entwickeln.

Während ich also dem verstärkten Einsatz direktdemokratischer Abstimmungsinstrumente sehr reserviert gegenüberstehe, weil sie zu leicht zu Verzerrungen führen und außerdem die Komplexität der Probleme Ja/Nein-Antworten nicht zulassen, halte ich die häufigere Durchführung von Befragungen für demokratiepolitisch erstrebenswert. Sie zwingen die Politik, ihre Anliegen zu argumentieren, und üben die Bevölkerung in Beurteilung und Abwägung ein. Vor allem schaffen sie Öffentlichkeit und hoffentlich auch Interesse für Themen, die entschieden werden müssen, ohne den notwendigen Spielraum für eine differenzierte Entscheidung einzuengen. Das erzeugt das Gefühl der Mitverantwortung – und diese gehört zur Essenz der Demokratie. Bei der Befragung alleine aber muss es nicht bleiben. Sowohl auf Bundesländerebene als auch auf nationalstaatlicher werden – zum Beispiel in Irland und Kanada – seit Jahren Erfahrungen mit sogenannten Bürgerforen gesammelt. Die Größe und Zusammensetzung ist unterschiedlich, wesentlich aber ist die Repräsentanz unterschiedlichster Gruppen und Geschlechterparität. In diesen Foren sollen relevante Fragen, die zur politischen Entscheidung anstehen, diskutiert und ein Vorschlag zur Vorgangsweise erstellt werden.

Auch dieses Projekt hat natürlich den Nachteil, dass in der Argumentation ungeübte Menschen sich weniger durchsetzen können. Sie haben aber einen geschützten Raum, in dem sie ihre Sichtweisen vorbringen können, und stehen unter keinem Erfolgsdruck, denn sie werden nicht gewählt. Wesentlich scheint mir, dass die Letztentscheidung dem Parlament vorbehalten ist, dieses aber unter einer völlig anderen Argumentations- und Begründungsherausforderung stünde als derzeit. Eine derartige Neuorganisation eines Mitspracherechtes der Bürgerinnen und Bürger könnte sich als Demokratiemotor erweisen und darüber hinaus der Qualität der Ergebnisse dienen. Je mehr Lebenswelten bei einer Lösung mitbedacht werden, desto menschengerechter ist sie. Da die Repräsentanz im

Parlament nicht mehr jenen Pluralismus aufweist, wie er wünschenswert ist, könnten derartige Bürgerforen eine Weiterentwicklung schaffen, ohne unser System im Kern zu beschädigen.

———

Die meisten Dinge, die ich bisher angesprochen habe, dienen vor allem einem demokratischen Bewusstsein, der demokratischen Atmosphäre, einer Haltung. Natürlich dienen sie – im Idealfall als Folgewirkung – aber auch der Beteiligung, dem eigentlichen Wesen der Demokratie. In diesem Zusammenhang ist noch auf ein Defizit hinzu-weisen, das zwar viele Demokratien haben, das jedoch in Österreich besonders gepflegt wird: der Ausschluss von AusländerInnen von allgemeinen Wahlen. Die Geschichte des Wahlrechtes zeigt den engen Zusammen-hang zwischen diesem Instrument und der Demokratie. Ende des 19. Jahrhunderts durfte nur wählen, wer eine bestimmte Steuerleistung erbrachte, Frauen erstritten ihr Wahlrecht in Österreich erst vor 100 Jahren. Das Wahl-alter wurde mit einer Ausnahme kontinuierlich gesenkt, von 24 Jahren auf 19 und 18, sowie 2007 schließlich auf 16 Jahre.

Das alles entsprach einer Entwicklung des Demokra-tieverständnisses und dem Ernstnehmen von Menschen, die darüber mitentscheiden sollten, wovon sie betroffen sind. Die Herabsetzung des Wahlalters auf 16, mit der Österreich innerhalb der EU sogar eine – ausnahmsweise – positive Vorreiterrolle übernahm, entstand bereits in einer Zeit, in der die Begriffe „Demokratiemüdigkeit" und

„Politikverdrossenheit" die Sorge um die mangelnde Beteiligung an der Demokratie ausdrückten. Man wollte mehr junge Menschen in die politischen Entscheidungsprozesse hereinholen, und das ist auch mehr oder weniger gelungen.

Seit unserem EU-Beitritt sind nichtösterreichische EU-BürgerInnen zwar auf kommunaler Ebene wahlberechtigt. Mir ist jedoch nicht einsichtig, wieso ein Mensch von der Einrichtung einer Fußgängerzone stärker betroffen sein soll als von der Anhebung des für ihn geltenden Steuersatzes, und daher das eine mitentscheiden darf, das andere aber nicht. Dieser Unterschied ist nicht sachgerecht zu begründen. Ich halte daher die Ausdehnung des Wahlrechts für EU-BürgerInnen auf die Bundeseben für eine zwingende logische Folge.

Ebenso wenig ist mir einsichtig, mit welchem demokratiepolitischen Argument die EU-Bürgerin mitbestimmen darf, ihr Schweizer Lebenspartner hingegen nicht. Zumindest diesen Widerspruch wollte der Wiener Landtag im Jahr 2003 mehrheitlich abschaffen und dehnte das Wahlrecht auf alle Volljährigen aus. Einem Einspruch der schwarz-blauen Bundesregierung setzte er einen Beharrungsbeschluss entgegen, doch der von der unterlegenen Minderheit angerufene Verfassungsgerichtshof hob das Gesetz auf. Er beharrte auf den bislang praktizierten Anknüpfungspunkt der Staatsbürgerschaft.

Ich halte diesen Anknüpfungspunkt für längst überholt, demokratiepolitisch fragwürdig und aufgrund der migrationsbedingten Veränderung unserer Gesellschaft nicht nur für unfair, sondern auch für gefährlich. Eine Novelle zu unserem Wahlrecht ist daher überfällig und die offene Diskussion darüber notwendig.

Ich kenne die genaue Zahl der Menschen nicht, die von einer solchen Änderung betroffen wären. Man spricht von 1,4 Millionen AusländerInnen in unserem Land, wovon mehr als die Hälfte EU-BürgerInnen sind. Aber das sind Stichtagszahlen, sie geben nicht Auskunft darüber, wie lange diese Menschen schon bei uns leben. Letzteres wäre jedoch ein Anknüpfungsmerkmal für das Wahlrecht. In Wien zum Beispiel gibt es Bezirke, wo ein Drittel der BürgerInnen von der Mitbestimmung ausgeschlossen sind. Abgesehen davon, dass ich auch unser Staatsbürgerschaftsrecht für rückwärtsgewandt, integrationsfeindlich und nicht sachgerecht halte, widerspricht es einem demokratischen Gemeinwesen, einer so großen Gruppe von Menschen wesentliche Partizipationsrechte und -möglichkeiten vorzuenthalten. Nach meinem Verständnis geht es aber gar nicht so sehr um die Zahl der Betroffenen, vielmehr um ihre Betroffenheit an sich.

Demokratie ist eben auch eine Frage der Haltung.

Die Zukunft ist ungewiss.
Aber welche wünschen wir uns?

4
Die Zukunft ist ungewiss. Aber welche wünschen wir uns?

Ein Moment kann den Gang der Weltgeschichte bestimmen. Dieser Überlegung folgt Olga Tokarczuk, Nobelpreisträgerin für Literatur, in ihrer Vorlesung im Dezember 2019 anlässlich der Preisverleihung. Es geht ihr um die Auswirkung individuellen Handelns auf das große Ganze. Was sie als Moment wahrnimmt und beschreibt, ist der 3. August 1492, an dem Christoph Kolumbus vom spanischen Hafen Palos aus mit seinem Schiff Santa Maria in See sticht. Die darauffolgende Entdeckung Amerikas habe eine jahrhundertelange Kette tiefgreifender Folgen ausgelöst, von Millionen toter Menschen über klimatische Veränderungen bis zu Kriegen.

Tokarczuk bedient sich dabei literarisch auch einer jüngeren wissenschaftlichen Hypothese, nach der die Entstehung der „Kleinen Eiszeit" in Europa, einer lang anhaltenden Kälteperiode Ende des 16. Jahrhunderts, unter anderem mit der veränderten Bodenbewirtschaftung riesiger Flächen im neu entdeckten Amerika zu tun hat. Die Ursache dafür wiederum liegt im Tod von 56 Millionen der insgesamt fast 60 Millionen Ureinwohnern, die zu dieser Zeit etwa zehn Prozent der Weltbevölkerung ausgemacht haben. Sie waren nicht nur unterdrückt und ermordet worden, sondern erlagen auch wehrlos jenen Krankheiten, die mit den Eroberern ins Land gekommen waren. Das bis dahin von den Einheimischen bebaute Land, fast 60 Millionen Hektar, wurde zum Dschungel. Seine Wiederaufbereitung und Regeneration in den Jahren darauf hatte gravierenden Einfluss auf den Kohlenstoffkreislauf, der Treibhauseffekt wurde massiv beeinflusst und in seiner Folge das Wetter – es kam zur „Kleinen Eiszeit". Die wiederum führte zu Hungersnöten in Europa, darauf zu einer Veränderung des Wirtschaftssystems, zu Industrie und Handel und letztlich zu Kriegen, um zu ertragreicherem Gebiet zu kommen.

Tokarczuk ist Schriftstellerin. Es geht nicht um die Beweisbarkeit oder Ausschließlichkeit der Kausalzusammenhänge in ihrer Erzählkette. Auch wenn sie mit ihrem Beispiel den von der Wissenschaft geprägten Begriff des „Schmetterlingseffekts" beschreibt, geht es ihr darum, Zusammenhänge im großen Ganzen bewusst zu machen. Sie will den Glauben der Menschheit an „ihre eigene Wirkungsmacht, an ihre Fähigkeit zur Kontrolle, ihre erhabene Stellung in der Welt" erschüttern. „Das nimmt dem Menschen nicht seine Macht als Baumeister, Entdecker und Erfinder, führt ihm aber vor Augen, dass die Wirklichkeit komplexer ist, als er sich je hätte träumen lassen – und er selbst lediglich ein winziges Teilchen innerhalb der darin ablaufenden Prozesse", so Olga Tokarczuk in ihrer Rede. Der Schmetterlingseffekt bedeutet, dass sich auch nur geringe Änderungen in den Ausgangsbedingungen eines Systems langfristig auf die Entwicklung dieses Systems auswirken können – und er meint vor allem die Unvorhersehbarkeit der Auswirkungen.

Mit dieser Unvorhersehbarkeit müssen wir leben. Aber, um auf Tokarczuk zurückzukommen, sie nimmt uns nicht unsere Macht – und ich füge hinzu: unsere Verantwortung und Möglichkeit – als BaumeisterIn, EntdeckerIn und ErfinderIn. Zukunft als Zeitbegriff kommt einfach auf uns zu und das unaufhaltsam. Zukunft als die nächsten Kapitel des großen Lebens- und Geschichtsbuches aber wird von uns gemacht, durch Aktivität ebenso wie durch Inaktivität. Dabei geht es um unseren Umgang mit Möglichkeiten, Spielräumen und Unentrinnbarkeiten. Gegebenheiten, die uns Grenzen setzen, sind im Regelfall von Menschen gemacht, selbst wenn ihre Entstehung Generationen zurückliegt. Auch Gegebenheiten, die Außerordentliches ermöglichen, sind zumeist Menschenwerk. Entwicklungen, seien sie noch so richtig oder noch so falsch: Sie brauchen einen bestimmten Boden, um wachsen zu können, und dieser ist nicht einfach unveränderlich da, sondern muss aufbereitet, gedüngt, bearbeitet und gepflegt werden. Von uns.

Davor aber muss die wichtigste aller Fragen beantwortet werden: *Wie* wollen wir leben?

In meiner Generation fragte man die Kinder noch häufiger, was sie denn einmal werden wollen. Damit war der Berufswunsch gemeint; die Antwort war immerhin ein Hinweis auf Interessen, manchmal auch Fähigkeiten des Kindes oder Jugendlichen. Zum Beispiel ich wollte relativ früh Rechtsanwältin beziehungsweise Verteidigerin werden, obwohl es in meiner Familie niemanden mit einem ähnlichen Beruf gab. In meiner Generation musste auch noch mitbedacht werden, ob sich die Familie die Berufsausbildung würde leisten können und ob die soziale Herkunft nicht inkompatibel mit dem angestrebten Berufsstand sein würde. Es ist bitter, dass sich diese zwischenzeitig nahezu überwundene Hürde nun wieder bedrohlich aufbaut.

Ein anderer, subjektiv empfundener Herkunftsaspekt hat mich erst kürzlich erschüttert. Ein befreundeter, erfolgreicher Anwalt, etwas jünger als ich, erzählte mir, dass er eigentlich Diplomat hätte werden wollen. Die Anwaltslaufbahn habe er deshalb eingeschlagen, weil er überzeugt war, sich als Jude in Österreich keine Chancen für den diplomatischen Dienst ausrechnen zu können. Ich war betroffen. Mir war nicht bewusst gewesen, dass eine solche Überlegung in meiner Lebenszeit eine Rolle spielen könnte.

Die Frage, wie wir leben wollen, ist also untrennbar mit der Antwort auf die Frage verbunden, in welcher Gesellschaft wir leben wollen. Die Gesellschaft nämlich entscheidet maßgeblich darüber, welche Möglichkeiten und welchen Spielraum das Individuum hat. Gesellschaftliche Wertvorstellungen sind auch entscheidend dafür, unter welchen Umweltbedingungen wir leben, der gesellschaftliche Konsens ist ein wesentlicher Entscheidungsfaktor für Frieden oder Krieg. Bei aller Unvorhersehbarkeit der Zukunft: Wir haben die Verantwortung für das Stellen der Weichen.

Die Corona-Pandemie hat der Welt ein Fenster zur Reflexion geöffnet. Nach einer Epoche des trotz Widerspruchs durchgesetzten Glaubens an grenzenloses Wachstum, das zu immer größerem Wohlstand führen werde, nach einer Zeit des „immer größer", „immer mehr", hat eine weltweite, ansteckende, potenziell tödliche Krankheit für den Augenblick die Wahrnehmung Vieler verändert. Plötzlich wurden für alle die Abhängigkeiten sichtbar, die durch die Auslagerung von Produktionsprozessen in Billiglohnländer entstanden waren. Die Abhängigkeiten, die durch die geringe Bezahlung ausländischer Arbeitskräfte im Inland entstanden waren, aber auch Abhängigkeiten innerhalb Europas, die wir ganz gezielt als friedenssichernde Maßnahmen geschaffen hatten, zeigten nun ihre Kehrseite. Staatliche EntscheidungsträgerInnen mussten mit Steuergeld ganze Wirtschaftszweige retten, obwohl diese schon seit Jahren in die falsche Richtung gewirtschaftet hatten.

Hätte man früher zum Beispiel die Produktionsleistung einer deutschen Werft für eines der eben fertig gestellten größten Kreuzfahrtschiffe der Welt mit Platz für mehr als 5.400 Gäste bewundert, wurde ein solches Produkt nun zum Symbol absurder Großmannssucht und eines umweltzerstörenden Tourismus. Nicht nur, dass es derzeit unverkäuflich geworden ist – was (hoffentlich) künftig für den gesamten Produktionszweig mit dieser Größenordnung gilt –, macht es deutlich, wie viele Arbeitsplätze in eine Sackgasse geführt worden sind, aus der herauszukommen nicht nur Zeit kosten, sondern auch viele Opfer zurücklassen wird. Auf einmal wird über absurd niedrige Flugticketpreise und ihre ruinöse Kurzsichtigkeit auch von jenen diskutiert, die sich zuvor nicht geschämt hatten, sie durch ihren Kauf zu fördern.

Durch die Einschränkungen der persönlichen Freiheit im Lockdown des Frühjahrs 2020 waren viele Menschen plötzlich mit sich allein und begannen über die Maßstäbe nachzudenken, die bislang ihr persönliches und das gesellschaftliche Leben bestimmt hatten. Dabei entfalteten Argumente Wirkung, die vor allem seit etwa zwei Jahren über die Klimaschutzbewegung, die von der schwedischen Schülerin Greta Thunberg angestoßen worden war, endlich auch breitenwirksam in das gesellschaftliche Bewusstsein gekommen sind. Durch den Lockdown wurde kaum noch Auto gefahren, nicht geflogen, fand kaum Schiffsverkehr statt. Man begann darüber nachzudenken, ob das bisherige Ausmaß des Fahrens und Reisens tatsächlich notwendig gewesen war und es im privaten Leben tatsächlich zur Mehrung von persönlichem Glück beigetragen hat. Essays und Bücher über ein einfaches, gelungenes Leben begannen noch stärker zu boomen als schon zuvor. Ob diese Gedanken die Substanz haben, die Zeit der erzwungenen Schockstarre und des Rückzugs zu überdauern, ist noch nicht absehbar; dass uns diese Atempause aber die Chance und die Möglichkeit gibt, Maßstäbe und Richtung zu verändern, scheint offenkundig.

———

Ein kleines buddhistisches Königreich am Rande des Himalaya, Bhutan, entschloss sich im 18. Jahrhundert, das Glück seiner EinwohnerInnnen zum Ziel seiner

Entwicklung und Politik zu erklären. „Wenn die Regierung kein Glück für ihr Volk schaffen kann, dann gibt es keinen Grund für die Existenz der Regierung", war da laut Wikipedia im Rechtskodex zu lesen – ein Satz wie aus einem Märchenbuch. Aber vom Märchen geht ein Zauber aus. Es soll Mut und Freude machen; Mut zur Wirklichkeit. Der Satz geriet nicht in Vergessenheit. In den 60er Jahren des letzten Jahrhunderts erklärte der dritte König Bhutans das Glück der Bevölkerung ganz allgemein zum politischen Ziel, Ende der 70er Jahre prägte der vierte König in Beantwortung einer Journalistenfrage nach der Höhe des Bruttoinlandsprodukts den Begriff des Bruttonationalglücks – dieses sei seinem Land wichtiger.

Zwanzig Jahre später wurde in Bhutan das Bruttonationalglück als Staatsziel in einen Fünfjahresplan aufgenommen und eine Staatskommission gebildet, um Kriterien für die Messung zu erarbeiten. Es geht dabei um das Zusammenwirken materieller, kultureller und spiritueller Komponenten. Das Programm ruht auf vier Säulen. Die erste hat die sozial gerechte Entwicklung von Gesellschaft und Wirtschaft zum Ziel. Die zweite widmet sich der Bewahrung und Förderung kultureller Werte, die dritte dem Schutz der Umwelt und die vierte den Strukturen von Politik und Verwaltung. Alle paar Jahre finden aufwendige Umfragen mit einem ziemlich diversifizierten, umfangreichen Fragenkatalog statt, um die Befindlichkeit der Bevölkerung zu erheben und die Wirkung getroffener Maßnahmen festzustellen. Dafür wurden Indikatoren entwickelt, die sowohl die objektive als auch die subjektive Dimension des Lebens einbeziehen. Die Auswertung hat auch zum Ziel, Unterschiede auf Grund des Geschlechts, der Bildung, des Berufs, des Einkommens und der Region festzustellen. Es ist hochinteressant, das alles im Internet nachzulesen.

Bhutan, das inzwischen auch einen Glücksminister hat, ist ein Land mit etwa 700.000 EinwohnerInnen, für die ihre Religion eine große Rolle spielt. Die Vergleichbarkeit mit anderen Ländern, vor allem außerhalb Asiens, ist kaum gegeben, und natürlich ist in Bhutan nicht alles vorbildlich. Dass aber bei der Antwort auf die Frage, in welcher Welt wir denn leben wollen, die individuelle Lebenszufriedenheit für die meisten Menschen ausschlaggebend ist, weiß man auch außerhalb des kleinen Königreichs.

Im Jahr 2011 lud die UNO bei ihrer Generalversammlung ihre Teilnehmerländer ein, das Glück ihrer BürgerInnen in den Fokus zu nehmen. Ein Jahr später bereits wurde unter dem Vorsitz des UNO-Generalsekretärs Ban Ki-Moon und des Premierministers von Bhutan, Jigme Thinley, der erste *World Happiness Report* diskutiert, der seither jährlich erstellt wird. Parallel dazu veröffentlicht die OECD alle zwei Jahre den *Better Life Index*, mit dem anhand von elf Themen Aspekte des Wohlergehens erhoben werden, die Aufschluss nicht nur über die materiellen Lebensbedingungen geben sollen, sondern auch über die subjektiv empfundene Lebensqualität. Die Differenzierung ist bei Weitem nicht so weitläufig wie in den Bhutan-Fragebögen, es geht unter anderem um soziale Fürsorge, Gesundheit, Einkommen, Freiheit, Regierungsführung und Korruption. Aber all diese Untersuchungen haben etwas gemeinsam: Sie ermöglichen eine ganzheitliche Sicht auf die Entwicklung des Individuums und der Gesellschaft und führen ergebnisgestützt vor Augen, dass Wirtschaftspolitik in der Rangliste nicht höher zu bewerten ist als etwa Sozial- oder Bildungspolitik.

Diese Erkenntnis, die die Herrscher Bhutans schon im 18. Jahrhundert in ihre Verfassung haben einfließen lassen, wird wohl künftig auch in unseren Breiten einen höheren Stellenwert bekommen. Nämlich in der Diskussion darüber, wie wir die Wirtschaftskrise überwinden, in die wir durch die Corona-Pandemie geraten sind, und wie wir der Klimakrise begegnen.

Noch im Jahr 2018 gab es im österreichischen Parlament eine Debatte mit dem Ziel, Wirtschaftspolitik in Form von Wachstumspolitik zum Staatsziel zu erklären. Dazu muss man wissen, dass Staatszielbestimmungen bestimmten Anliegen durch ihre verfassungsrechtliche Verankerung einen höheren Stellenwert zuordnen als allen anderen. Das hatte man zum Beispiel vor Jahren mit dem Umweltschutz gemacht, was unter anderem dazu führte, dass das Bundesverwaltungsgericht den Bau einer dritten Piste für den Wiener Flughafen ablehnte. Der Verfassungsgerichtshof hob dieses Urteil zwar später auf, aber die Höherbewertung der Staatszielbestimmung Umweltschutz gegenüber wirtschaftlichen Interessen durch die erste Instanz hatte die Wirtschaftslobby mobilisiert, die eine verfassungsrechtliche Gleichstellung in der Privilegierung ihres Anliegens forderte. Sie konnte sich zwar nicht durchsetzen, aber das Beispiel zeigt sehr anschaulich Zusammenhänge und Bedeutung systemischer Fragen und ihren Niederschlag im praktischen Leben. Es zeigt die Wirkungsmöglichkeit verfassungsrechtlicher Bekenntnisse einerseits und die Relevanz der Wertehaltung von VerfassungsrichterInnen, und daher auch die eines politisch ausgewogenen Bestellungsvorgangs, andererseits.

———

Im Übrigen bin ich froh, dass Wachstum als Staatszielbestimmung doch keine Mehrheit im Parlament gefunden hat. Ich hielte es für die falsche Vorgabe, dem Wachstum ohne jede differenzierende Qualitätsbezeichnung Priorität in unserer Politik einzuräumen.

Das würde uns auf jenem riskanten Weg weitertreiben, den der Club of Rome vor fast 50 Jahren mit seinem Bericht über die Grenzen des Wachstums beschrieben hat. Auch wenn manches davon kritisiert, heute widerlegt oder falsch berechnet erscheint: Dass ungebremstes und unkontrolliertes Wirtschaftswachstum in einer Welt mit begrenzten Ressourcen in die Irre führen muss, scheint mir auf der Hand zu liegen. Das Argument, man würde damit jenes System diskreditieren, das uns den heutigen Wohlstand verschafft habe, halte ich für kurzsichtig. Es ähnelt der Aufforderung, von einem gut gefüllten Bankkonto abzuheben, weil das ja bislang immer das gewünschte Ergebnis gebracht habe, ohne zu bedenken, dass das Konto auf diese Weise eines Tages leergeräumt ist. Dazu kommt, dass sich das System des Kapitalismus infolge seiner Grenzenlosigkeit zu einem sogenannten „Raubtierkapitalismus" entwickelt hat, der schon im Jahr 1996 die liberale Zeitungsherausgeberin Marion Dönhoff veranlasst hat, leidenschaftlich zur „Zivilisierung" des Kapitalismus aufzurufen.

Am Begriffspaar „Mittel" und „Zweck" lässt sich das zugegebenermaßen zugespitzt erläutern. Früher war das Mittel die Produktion, um den Zweck der Bedürfnisbefriedigung zu erreichen. Es wurden Schafe gezüchtet, ihre Wolle verwertet, durch das Weben Arbeitsplätze geschaffen, die verarbeitete Wolle wärmte und kleidete. Das Mittel diente dem Menschen.

Heute ist das Mittel ein künstlich erzeugtes Bedürfnis, um dem Zweck der Profitmaximierung zu dienen. Die Masse der Menschen wurde zum Instrument, der Zweck ist Geldvermehrung für immer weniger Menschen. Ungeachtet dessen, dass der Wert von Luxusgütern ein eigenes Kapitel ist – wo liegt der Wert, um beim Beispiel der Kleidung zu bleiben, wenn ein Modelabel drei bis vier Modekollektionen im Jahr kreiert? Wo liegt er, wenn jährlich ein neues Handy-Modell auf den Markt kommt? Welche Absicht steht hinter Produkten, die so konzipiert sind, dass nicht nur ihre Haltbarkeit nur kurz währt, sondern auch ihre Reparatur nicht lohnt? Der Ressourcenverbrauch sowie die Umweltschäden, die durch die Entsorgung des nicht mehr Gebrauchten verursacht werden, sind enorm, die Kosten dafür zahlen grosso modo nicht die Verursacher, sondern wir alle. Das alles dient weniger der Steigerung individueller Lebensqualität (außer jener der ProduzentInnen), sondern der des Wachstums und des Bruttoinlandsprodukts. Und aus diesem Teufelskreis soll uns unsere bisherige Wachstumspolitik herausführen, weil sie uns ja jenen Wohlstand gebracht hat, mit dessen Hilfe wir das alles anrichten können? – Ein nicht funktionierender Zirkelschluss.

Der Hinweis auf den Markt überzeugt ebenfalls nicht. Natürlich liegt es an den KonsumentInnen, ob sie die angebotenen Waren kaufen, sie sind es, die das Spiel von Angebot und Nachfrage vorantreiben, und ich wünsche mir auch keine karge KonsumentInnensteinzeit zurück. Aber bei aller gebotenen Wertschätzung sowohl der Eigenverantwortung als auch des Marktes: Wenn ein System Gefahr läuft, den Fortschritt in sein Gegenteil zu verkehren, wenn dadurch soziale und ökologische Balancen aus den Fugen geraten, ist es an der Zeit, das System zu hinterfragen und es zu adjustieren.

——

Wir brauchen nicht nur eine neue Art der Wirtschafts- und durchaus auch Wachstumspolitik, wir brauchen vor allem eine andere Mentalität, mit den Dingen des Lebens umzugehen. Wir brauchen andere Maßstäbe, an denen wir unsere Lebensqualität und den Wohlstand messen, wir brauchen ein neues Sensorium für die Verletzlichkeit der Welt und des Menschen. Wir müssen uns der Manipulation der hochprofessionellen Gewinnmaximierer entziehen, die uns Bedürfnisse suggerieren, die wir vorher nie hatten und nachher nicht als glücksvermehrend empfinden. Wir müssen der Argumentation widersprechen, dass dieses Modell das einzig wohlstandsversprechende sei und müssen dagegen die Fakten ins Treffen führen: Der Wohlstand kommt nämlich vor allem dem reichstem Prozent der Haushalte in Österreich zugute, das fast ein Viertel des Gesamtvermögens besitzt. Das belegt eine im Oktober 2019 von der Nationalbank veröffentlichte Studie über Verteilungsgerechtigkeit. Nach einer im Mai 2020 von der Arbeiterkammer veröffentlichten Studie haben zehn Prozent der reichsten Haushalte in Österreich mehr Vermögen als die restlichen 90 Prozent der Bevölkerung gemeinsam. Das Verhältnis der Löhne zu Managergehältern lag laut österreichischer Arbeiterkammer im Jahr 2013 bei 1:24, im Jahr 2015 bei 1:43 und 2018 bereits bei 1:64.

Natürlich hat dieser Zustand mehrere Ursachen und ist nicht das unmittelbare Ergebnis einer Wachstumspolitik schlechthin. Es ist das Ergebnis einer Politik, die keinen ganzheitlichen Ansatz hat. Sie verharmlost den Ressourcenverbrauch, berücksichtigt bei Gewinnen nicht gesellschaftliche Schäden, die Steuerpolitik hat den sozialen Zusammenhalt aus den Augen verloren, Wirtschaftspolitik ermöglicht es Unternehmungen, sich der gesamtgesellschaftlichen Verantwortung zu entziehen.

Wir brauchen eine Art von Politik, die verantwortungsvolle Nachfrageimpulse mit Beschäftigungswirksamkeit im ganzen Land auslöst. Wir brauchen mehr ökologisches Bewusstsein. Und es ist an der Zeit, auch mehr moralische Mitverantwortung der Wirtschaft einzufordern. UnternehmerInnen, die diese vorleben, stellen eine Minderheit dar, und Branchen- und InteressenvertreterInnen lassen sie oft gänzlich vermissen. Als der Staat während der Corona-Pandemie einigen Unternehmen richtigerweise finanziell unter die Arme griff, wurde die Absicht einiger von ihnen bekannt, beträchtliche Dividenden auszuzahlen. Der Chef der Wiener Börse verteidigte diese Vorgangsweise höchst engagiert, weil es sich dabei um die Belohnung für vor der Krise erbrachte Leistungen handle. Dieselbe Argumentation wurde bei der

Auszahlung von Boni in Millionenhöhe an AUA-Manager eingewendet, nachdem die Fluglinie zuvor mit Milliarden an Steuergeld gerettet worden war. Ungeachtet der rechtlichen Zulässigkeit halte ich es für schlicht unmoralisch, das Steuergeld aller als Überbrückung in Anspruch zu nehmen und zugleich an einige wenige Begünstigte erwirtschafteten Gewinn auszuschütten.

In welcher Gesellschaft wollen wir leben? In einer, in der das Recht des Stärkeren weiter ausgebaut wird? Das dafür ins Treffen geführte Argument lautet, dass es ja die Stärkeren seien, die die Schwächeren mitfinanzieren. Doch nicht einmal auf den ersten Blick besticht das: Auch Sklavenhändler haben den von ihnen Ausgebeuteten das Leben ermöglicht. Polemik? Glauben wir wirklich, dass bei einem T-Shirt-Preis von fünf Euro ArbeiterInnen einen auch nur im Mindesten angemessenen Arbeitslohn bekommen können? Glauben wir wirklich, dass ein Huhn, das weniger als ein Päckchen Zigaretten kostet, artgerecht gehalten werden kann? Und wie können wir hinnehmen, dass auch bei uns ArbeiterInnen, zum Beispiel ErntehelferInnen, in unzumutbare Massenquartiere gepfercht werden und zu unzumutbaren Stundenlöhnen Spargel stechen, damit er dann zu Billigstpreisen im Supermarkt angeboten werden kann? Wie blind und uninteressiert an der menschlichen Existenz sind OrtsbewohnerInnen, die über die Ausbeutung vor ihren Augen hinwegsehen? Welches Ansehen im Dorf dürfen Ausbeuter selbst genießen? Geht Geschichte wirklich so spurlos an uns vorüber?

Ja, es gibt auch Ausbeutung im größeren Stil, auf anderem Niveau, und die dafür Verantwortlichen genießen schon wegen ihres Vermögens hohes Ansehen und großen Einfluss. Doch das exkulpiert keine(n) von uns davon, unsere Haltung in unserer direkten Umgebung zum Ausdruck zu bringen.

Wie also wollen wir leben? Im Regelfall können wir das nicht allein bestimmen. Wir sind von vielen Rahmenbedingungen abhängig, von einigen davon war schon die Rede. Und trotzdem ist die Antwort, so unterschiedlich sie auch ausfallen mag, entscheidend für unser aller Zukunft. Denn was uns wichtig ist, wollen wir ermöglichen, was wir ablehnen, wollen wir verhindern. Für beides muss man etwas tun. Wir, die Zivilgesellschaft, die Politik, der Staat.

———

So unmoralisch es sein kann, mit dem Kauf eines Billig-Shirts ausbeuterische Arbeitsbedingungen zu stützen, mit dem Kauf eines Handys nicht nur das zu tun, sondern auch noch einen sicheren Beitrag zur Umweltzerstörung zu leisten – mit Enthaltsamkeit und derartigem Konsumverzicht allein lösen wir die Probleme nicht. Aber die Dimension des Problems darf uns nicht davon abhalten, Bewusstsein für die Zusammenhänge zu entwickeln, auch im Konsumverhalten seine Folgen zu bedenken und zu beginnen, unsere Welt neu zu denken, wie Maja Göpel in ihrem gleichnamigen, lesenswerten Buch 2020 formuliert. Sie zitiert den Ökonomen Joseph Stiglitz: „Die Welt ist mit drei existenziellen Krisen konfrontiert: die Klimakrise, die Ungleichheitskrise und eine Krise der Demokratie. Und dennoch geben uns die etablierten Wege, wie wir ökonomischen Fortschritt messen, nicht den leisesten Hinweis darauf, dass wir ein Problem haben könnten."

Man kann die Notwendigkeit, unsere Maßstäbe und Instrumente zu hinterfragen, kaum besser auf den Punkt bringen. Die Ökonomin Göpel widmet sich dieser Aufgabe in der Überzeugung, dass ein Weitermachen wie bisher, selbst mit allfälligen Korrekturen und Optimierungen, keine Option sein könne. Ihr Schlussappell geht an uns alle, nämlich uns darauf zu konzentrieren, was in unserer Macht liegt, und uns nicht zu sehr darum zu kümmern, was eben nicht in unserer Macht liegt. Das sei unsere Verantwortung.

———

Ich habe in meinem politischen Leben viel zu oft den Satz gehört: „Auf mich kommt es nicht an." Schon deshalb unterstreiche ich Göpels Appell. Allerdings nur unter der Voraussetzung einer großzügigen, ja visionären Interpretation ihrer Aufforderung. Es steht nämlich sehr wohl in unserer Macht, auch das zu ändern, was scheinbar nicht in unserer Macht steht. In wessen Macht stand es denn, die Sklaverei abzuschaffen, das Frauenwahlrecht einzuführen oder die deutsche Mauer zu Fall zu bringen, um nur drei politische Systemveränderungen zu nennen? Hätten die Menschen das in ihrer Macht Stehende nicht so oft am scheinbar Unerreichbaren orientiert, mit der Hoffnung, gemeinsam nahezu alles erreichen zu können, wäre die Welt eine andere. In diesem Sinne also: Nehmen wir die Verantwortung für das in unserer Macht Stehende wahr!

Es steht zweifellos in unserer Macht, Weichen für die Gesellschaft der Zukunft zu stellen. Aber welche wünschen wir uns? Auch hier ist Maja Göpel hilfreich, denn sie erinnert an ein bekanntes Gedankenexperiment des amerikanischen Philosophen John Rawls, mit dem er jene Gerechtigkeitsprinzipien entwickelt hat, die einem Gesellschaftsvertrag zugrunde liegen sollten. Letztlich geht es dabei um etwas, das in unserer Gesellschaft viel zu wenig praktiziert wird, nämlich sich in den anderen hineinzuversetzen. So schwierig es ist, sich dem Begriff der Gerechtigkeit anzunähern, ohne Empathie geht es gar nicht. Rawls fordert dazu auf, sich eine Art Urzustand mit einem „Schleier des Nichtwissens" vorzustellen, was Rahmenbedingungen, Umfeld und gesellschaftliche Position betrifft, in die man hineingeboren wird. Sodann solle man die Frage beantworten, wie man die Welt würde einrichten wollen.

Welch kluger Ansatz! Kaum jemand würde für sich weniger Grundfreiheiten und Chancen akzeptieren wollen, als sie ein anderer hat. Die zwingende Schlussfolgerung daraus: Wir müssen allen das gleiche Ausmaß zugestehen, weil wir ja nicht wissen, in welche Situation wir selbst geraten. Allein der Eigennutz gebietet also, alle Situationen mit gleichen Chancen auszustatten: Wir brauchen eine sozialpolitische Grundordnung, die auf dem Wert der Gleichheit aller beruht.

Wie aber stellen wir grundsätzliche Freiheit und Chancengleichheit sicher? Naturgemäß braucht es dazu mehrere Instrumente. Ich möchte mich hier mit einem auseinandersetzen, das es bei uns noch nicht gibt, das ich aber für unsere Zukunftsgesellschaft für unausweichlich halte: ein bedingungsloses Grundeinkommen.

In seinem nahezu vergnüglich zu lesenden Buch *Jeder zählt. Was Demokratie ist und was sie sein soll* (2018) vergleicht der Philosoph und Autor Roland Kipke das Verhältnis von Freiheit zur Demokratie mit jenem vom Pizzaboden zur Pizza. Die Pizza wäre, völlig ungeachtet ihres Belages, ohne ihren speziellen Boden keine Pizza. Ebenso wäre Demokratie ohne Freiheit keine solche. Mir gefällt dieses Bild und ich halte es in Bezug auf das Verhältnis von Existenzsicherung zu Freiheit wegen der Variantenvielfalt des Belags für noch passender: Ohne den Boden der Existenzsicherung ist die Freiheit keine Freiheit, und frei leben wollen wir wohl alle.

———

Die Corona-Pandemie hat bei vielen Menschen Angst ausgelöst: vor der Gegenwart, aber auch vor der Zukunft; um die Gesundheit, aber auch um den sozialen Status. Diese Angst hat sich zu der in den letzten Jahren kontinuierlich gestiegenen Sorge gesellt, ob die persönlich erreichten ökonomischen Sicherheiten in Zukunft halten würden, ob das staatliche System diese weiterhin schützen und stützen wird können, vor allem aber, welche Zukunft unsere Kinder und Kindeskinder zu erwarten haben.

Der Satz, der meine Generation begleitet hat, „Ihr sollt es einmal besser haben", hat seine Versprechung für Viele eingelöst. Schon deshalb würde es für sie genügen, heute zu sagen, „Ihr sollt es einmal ebenso gut haben". Doch die

Zweifel, dass auch dieses Versprechen gehalten werden kann, wachsen stetig. Was erst bedeuten solche Sorgen für jene, die es bis heute „nicht gut" hatten! Die Pandemie hat die Szenerie grell ausgeleuchtet und selbst jene finsteren Ecken ins Bewusstsein gedrückt, in denen sich in ihrer Existenz bedrohte Menschen aus Scham verstecken.

In einer zivilisierten Gesellschaft ist es nicht akzeptabel, dass man sich für seine soziale Situation schämen muss. Wir haben aber ein soziales Auffangnetz, in dem die Zugangsbestimmungen oftmals so gestaltet sind, dass sie manche Menschen nicht verstehen, sich mit der Durchsetzung ihres Anspruchs überfordert oder stigmatisiert fühlen. Etwa ein Drittel der österreichischen Haushalte, die Anspruch auf eine Mindestsicherung haben, holt den ihnen zustehenden Betrag aus diesen oder ähnlichen Gründen nicht ab. Reformen der letzten Jahre haben zwar geringfügige Verbesserungen gebracht, etwa dass der Antrag bei der Bezirkshauptmannschaft statt bei der Gemeinde zu stellen ist, was die Angst vor Stigmatisierung vor allem im ländlichen Raum verkleinert hat. Die seinerzeitige Sozialhilfe, die Vorgängerin der Mindestsicherung, wurde auch aus diesem Grund von beinahe der Hälfte der Anspruchsberechtigten nicht abgeholt. Aber immer noch wird mit dem Begriff „Sozialschmarotzer" Stimmung gemacht. Natürlich gibt es Menschen, die ihre Eigenverantwortung an den Staat delegieren und keine Ambition haben, selbst für ihren Unterhalt zu sorgen. Das ist nicht gut, aber ihre Zahl ist überschaubar und jede Demokratie kann sie sich leisten. Nicht leisten sollte sich eine Demokratie hingegen Zwangsarbeit als Gegenleistung.

Ich möchte in einer Gesellschaft leben, in der die Existenz jeder und jedes Einzelnen durch einen Rechtsanspruch auf ein Grundeinkommen gesichert ist. Der an keine Bedingungen geknüpft ist, egal aus welchem sozialen Milieu die Person kommt. Antragslos und automatisch soll dieser Rechtsanspruch bestehen, einzig auf ein solidarisches Gesellschaftsverständnis gegründet. Wichtig ist, dass jede(r) diesen Anspruch hat, egal ob er oder sie ihn braucht oder nicht, denn das ist für das Selbstwertgefühl wesentlich.

Für die Gesellschaft wesentlich ist aber, dass den Betrag nur ausgezahlt bekommt, wer ihn dann tatsächlich braucht. Es mag im ersten Moment verwirrend scheinen, dass ein und derselbe Ausspruch zu einem unterschiedlichen Ergebnis führt – das ist eben dem solidarischen Grundverständnis geschuldet, das niemand diskriminieren will. Dass den Betrag nur ausbezahlt bekommt, wer ihn wirklich braucht, stellt auf Grund der unterschiedlichen Lebenssituation keine Diskriminierung dar.

Das alles ist über eine Umstellung unseres Steuersystems machbar. Wer nichts oder unter der Höhe des Grundeinkommens verdient, bekommt dieses als Gutschrift in Form einer Negativsteuer ausbezahlt. Ab einer bestimmten Höhe eines Zuverdienstes schmilzt das Grundeinkommen ab, bis es bei einer festzulegenden Grenze auf null steht. So haben zwar auch Besserverdiener weiterhin ihren Anspruch auf Grundeinkommen, können ihn aber nicht lukrieren, weil sie es eben nicht brauchen. GrundeinkommensbezieherInnen müssen umgekehrt nicht fürchten, alles zu verlieren, weil sie ein Erwerbseinkommen beziehen. Der Anreiz dafür bleibt also aufrecht.

Welche der derzeitigen Sozialleistungen durch ein Grundeinkommen konsumiert sind, wäre zu diskutieren. So ist etwa das Pflegegeld ein Sonderfall und müsste daher unangetastet bleiben. Während nämlich andere Sozialleistungen einfach der Sicherung des Lebensstandards dienen sollen, ist das Pflegegeld eine zweckgebundene Leistung, die den Mehraufwand, der durch eine Beeinträchtigung entsteht, ein wenig abfangen soll. Durch diese Zweckgebundenheit gilt das Pflegegeld auch derzeit nicht als einkommenserhöhend.

Ganz anders ist es mit der Kinder- beziehungsweise Familienbeihilfe. Mir war nie einsichtig, wieso der Staat einen Spitzenmanager mit einer Geldleistung für sein Kind unterstützen muss, noch dazu mit derselben, die eine alleinerziehende Altenbetreuerin für ihr Kind bekommt. Die dafür ins Treffen geführte Begründung, dass jedes Kind gleich viel wert sei, degradiert das Kind in diesem Fall zu einem Produkt für den Staat, das eben einen einheitlichen Preis hat. Ich halte es für fairer und solidarischer, alle Kinder mit einem Rechtsanspruch auf ein Grundeinkommen auszustatten, der aber ebenso wie bei den Erwachsenen nur lukriert werden kann, wenn er tatsächlich gebraucht wird. Wenn der Anspruch (bis zur Volljährigkeit, wo er dann ein selbstständiger wird) in Wege des Steuersystems und über eine Negativsteuer für die Eltern berechnet und ausbezahlt wird, sind zwar auch alle Kinder gleich, aber eben in ihrer Grundsätzlichkeit. Das schafft Platz für den Spielraum, den unterschiedliche Lebenssituationen erfordern.

Es gäbe vieles zu bedenken bei einer derartig tiefgreifenden Systemumstellung, unter anderem auch die zunehmende Migration. Ich halte allerdings den sogenannten Pulleffekt (er eignet sich in meinen Augen zum Un-Wort des Jahres), den so manche PolitikerInnen reflexartig einwenden, für kein belastbares Argument. Aus Afrika oder dem arabischen Raum kommend, sind unsere derzeitigen ökonomischen Verhältnisse vergleichsweise derart paradiesisch, dass ein zusätzlicher Anreiz überhaupt nicht ins Gewicht fällt. Wir werden die Verhältnisse hoffentlich deshalb nicht ändern. Dessen ungeachtet müsste bei den Anspruchsvoraussetzungen eine bestimmte Verweilfrist im Land vorgesehen werden. Für EU-BürgerInnen braucht es eine Lösung für den Fall, dass das Grundeinkommen nicht europaweit eingeführt wird.

Ich sage nicht, dass es leicht ist, aber es ist machbar, und das gilt ebenso für die Finanzierung, die gerne als Gegenargument aufgebaut wird. Während der Corona-Pandemie, und das wird noch einige Zeit gelten, erleben wir, welche Geldsummen Staaten einsetzen, weil sie das für notwendig halten. Es geht also vornehmlich darum, was wir für unausweichlich notwendig erachten, dann sind wir auch in der Lage, die nötige Finanzierung dafür aufzustellen.

Als wir vor etwa 25 Jahren begonnen haben, im Liberalen Forum über ein bedingungsloses Grundeinkommen zu reden – wir nannten es Grundsicherung –, war die Diskussion anfangs höchst kontrovers. Manche fanden die Idee nahezu marxistisch, andere zu illusionistisch, wieder andere wendeten ihre Unfinanzierbarkeit ein. Aber wir diskutierten. Ein Modell löste das nächste, verbesserte ab. Einwände wurden berücksichtigt. Es dauerte lange, zu unbefriedigend schien uns allen das vorhandene Sozialsystem, zu risikobehaftet die sich ankündigende Veränderung der Arbeitswelt, zu reizvoll Ideen aus der katholischen Soziallehre und dem Ausland, bis hin zu Visionen von Martin Luther King. Erwin Jerusalem, ein Mitstreiter der ersten Stunde, hatte sich schon lange mit dem Thema Arbeit beschäftigt gehabt. Auf unserem Bundesforum im Oktober 1997 überzeugte er schließlich alle davon, dass sie soziale Sicherheit von der Erwerbsarbeit abgekoppelt werden muss. Wir wollten einfach eine fairere Gesellschaft; schließlich stand die überwältigende Mehrheit des Liberalen Forums hinter dem erarbeiteten Modell.

———

Heute halte ich das bedingungslose Grundeinkommen für unausweichlich notwendig, und zu den Gründen, die ich schon vor 25 Jahren für ausreichend überzeugend gehalten habe, sind einige dazugekommen. Unsere und meine Ausgangspunkte waren und sind die Menschenwürde des Einzelnen und die Solidarität der Gesellschaft. Nimmt man diese Begriffe nicht nur als Bekenntnisse, sondern als Handlungsanleitung, so müssen sie zu Baugesetzen unserer Gesellschaft werden und sich in den staatlichen Strukturen, vor allem in den sozialen Systemen, wiederfinden. Menschen nur vor größter Not zu bewahren und dafür auch noch zu Bittstellern zu machen, entspricht diesen Prinzipien mit Sicherheit nicht. Es geht um die faire Chance, sich Lebensqualität schaffen zu können, es geht um Hilfe zur Selbsthilfe, und zwar vom Start weg.

Wenn Freiheit anerkannte Grundlage ebenso wie ankerkanntes Lebensziel ist (Hannah Arendt formulierte einmal: „Der Sinn der Politik ist die Freiheit"), so müssen die Voraussetzungen dafür geschaffen werden, dass Menschen ihre Dinge selbst regeln können. Einige dieser Voraussetzungen habe ich schon angesprochen. Eine der grundlegendsten aber ist ein bedingungsloses Grundeinkommen: Es ist die Basis der ökonomischen Existenz, ein Sprungbrett in ein selbstbestimmtes Leben.

Zu glauben, dass es vor allem zur Faulheit verführe und die Menschen davon abhalte, sich Erwerbsarbeit zu suchen, zeugt von einem Menschenbild, das der Realität meiner Meinung nach nicht standhält. Es ist Ergebnis der Verallgemeinerung negativer Fallbeispiele, die unbestritten sind. Die weitaus häufigere Erfahrung zeigt aber, dass Menschen das Bedürfnis haben, etwas Sinnvolles zu tun, für sich und ihre Familie etwas zu schaffen, auf Erreichtes stolz sein wollen, kreativ zu sein.

Zu glauben, dass ein Grundeinkommen künftig zu viele Menschen von Erwerbsarbeit abhalten werde, scheint mir völlig wirklichkeitsfremd. Es würde sich allerdings erheblich auf die Lohngestaltung auswirken. Unangenehme Arbeiten müssten besser bezahlt werden, um angenommen zu werden, und das halte ich – wenn sie notwendig sind – für gesellschaftlich wünschenswert. Jene Art von Ausbeutung, die ich am Beispiel von ErntehelferInnen angesprochen habe, wäre nicht mehr so einfach durchsetzbar. Der höhere Preis, der sich für manche Leistungen und Produkte daraus ergäbe, wäre für das kleine Stück mehr Fairness in der

Gesellschaft nicht nur überfällig und zumutbar, sondern er sollte es uns einfach wert sein.

Natürlich hat eine derartige Systemumstellung viele Stolpersteine und reißt manches Problemfeld auf. Während ich nicht befürchte, dass sich die Menschen arbeitslos zurücklehnen – Stichwort „Hängematte" –, sehe ich durchaus die Gefahr, dass das, was als ökonomische Grundausstattung des Individuums gemeint ist, zur Lohnsubvention des Arbeitgebers wird. Die Einführung eines Mindestlohns neben den zahlreichen Kollektivverträgen, die wir in Österreich glücklicherweise haben, könnte eine wirksame Schranke gegen eine solche zweckentfremdete Entwicklung sein.

———

Die wichtigste Voraussetzung für die Wirksamkeit eines Grundeinkommens ist aber seine Höhe. Sie muss so gestaltet sein, dass man tatsächlich, wenn auch nur notdürftig, von ihr leben kann, sie aber unter der Höhe des Mindestlohns liegt. Und sie muss von jenen Bedingungen befreit und abgekoppelt werden, die unser derzeitiges Sozialsystem kennzeichnen: vor dem Bezug im Erwerbsarbeitsprozess gestanden haben zu müssen. Insbesondere dieses Argument hat in den letzten Jahren an Gewicht zugenommen und wird vor allem künftig an Bedeutung gewinnen.

Dass wir derzeit so viele arbeitslose Menschen haben wie kaum zuvor in der Zweiten Republik, wenn wir von der unmittelbaren Nachkriegszeit absehen, ist dem Lockdown der Wirtschaft auf Grund der Corona-Pandemie geschuldet. Zum ersten Mal wurde daraufhin öffentlich über eine Art Grundeinkommen zumindest für künstlerische Berufe nachgedacht, weil deren Lebenssituation im vorhandenen Sozialsystem keine Stütze hatte. Man hat sich mit bescheidenen Einmalzahlungen und hohem bürokratischen Aufwand beholfen, weil es in dieser Krisensituation selbstverständlich nicht möglich war, das System prinzipiell zu ändern. Die Situation jedoch sollte als Anschauungsunterricht begriffen und daraus Schlussfolgerungen für die Zukunft gezogen werden.

Eine steigende Arbeitslosenzahl wird uns künftig begleiten, jedoch aus anderen Gründen. Digitalisierung und Robotisierung werden nicht nur einen hohen Anteil menschlicher Routinearbeit ersetzen. Auch so manche qualifizierte Tätigkeit wird in Zukunft nicht von Menschen, sondern von Maschinen erledigt werden. Die Auswirkungen auf das Steueraufkommen (Roboter zahlen keine Lohnsteuer) und den menschlichen Arbeitsmarkt sind unabsehbar. Glauben wir tatsächlich, das mit unserem gegenwärtigen System bewerkstelligen zu können?

———

Ein Umdenken ist sowieso unausweichlich. Warum dann nicht gleich mit genau jenem Ansatz, zu dem wir uns in der europäischen Grundrechtecharta bekannt haben, nämlich der Unantastbarkeit der Menschenwürde? Darüber zu reflektieren, was darunter zu verstehen ist, täte Österreich gut, und vielleicht findet dieser Begriff dann endlich auch Aufnahme in unsere Verfassung. Jedenfalls sollte die erwartbare Veränderung des Arbeitsmarktes ein weiterer Anstoß zum Nachdenken über die Einführung eines bedingungslosen Grundeinkommens sein und damit auch allfällige Finanzierungssorgen relativieren.

Ich bin eine Anhängerin des Finanzierungsvorschlags von Richard David Precht, der in seinem Buch *Jäger, Hirten, Kritiker* (2018) ebenfalls eine Lanze für das Grundeinkommen bricht. Er schlägt dafür die Einführung einer Finanztransaktionssteuer vor, die ich auch aus anderen Gründen seit Langem für notwendig halte. Er hat die Hoffnung, dass mit diesem gemeinsamen Ziel die in dieser Frage zerstrittenen EU-Länder wieder zusammenfinden könnten: Es gehe nun nämlich nicht mehr um die Rücksicht gegenüber der Finanzindustrie, sondern um „ein Riesenproblem, dass sich in Frankreich, Deutschland, Polen und Italien gleichermaßen stellt: Wie verhindere ich den gesellschaftlichen Abstieg der Mittelschichten, wie beuge ich heftigen sozialen Unruhen vor? Im Vorzeichen solcher Bedrohungen dürfte schnell möglich werden, was gegenwärtig bislang völlig utopisch erscheint."

Wenn ich auch Prechts Optimismus nicht ganz teilen kann, so bin ich doch glücklich über jedes kluge Argument, das die Einführung eines bedingungslosen Grundeinkommens stützt und ins Bewusstsein der Bevölkerung trägt. Welches Modell von mehreren möglichen und mit welchen Finanzierungsquellen dann schließlich mehrheitsfähig wird, ist mir nicht so wichtig wie die Anerkennung des Grundprinzips einer solidarischen Existenzsicherung, die an keine Vorleistungen geknüpft ist.

In der Zukunftsgesellschaft, die ich mir wünsche, ist auch das Bewusstsein aller für den Stellenwert von Stadt- und Landentwicklung, für die Prägung durch Architektur und Kultur, für demokratische Partizipation und Verantwortung, für Nachhaltigkeit und Internationalität um einiges größer als heute. Als ich kürzlich im letzten *Baukulturreport* des Bundeskanzleramts aus dem Jahr 2017 blätterte, konnte ich kaum glauben, was da über die Entwicklung unserer Verkehrsnetzte zu lesen ist: Während der (Aus-)Bau von Autobahnen und Schnellstraßen in der Zeit von 1970 bis 2010 um 442 Prozent (!) zugenommen hat, nahm demgegenüber der unseres Eisenbahnnetzes in derselben Zeit um 13,5 Prozent ab! Während im Jahre 1965 von 1.000 EinwohnerInnen Österreichs 109 ein Auto besaßen, waren es im Jahr 2008 bereits 514. Der EU-27-Durchschnitt lag zu diesem Zeitpunkt bei 470.

Dieser Anstieg liegt nicht nur an den finanziellen Möglichkeiten zum Autokauf, die gestiegen sind. Auch die Rahmenbedingungen müssen hinterfragt werden, denn sie schaffen Anreize für ein bestimmtes Verhalten. In dem Zusammenhang ist eine andere Entwicklung ebenso interessant: Während im Jahr 1997 320 von 2.354 Gemeinden ohne Nahversorger auskommen mussten, waren es 2011 bereits 690 von inzwischen nur 2.100 Gemeinden. Dafür haben sich die Handelsflächen in der Zeit von 2000 bis 2016 von zwei Millionen Quadratmeter auf vier Millionen verdoppelt. Die durch Verkehr verursachten Treibhausgasemissionen – inklusive nationalem Flugverkehr – sind von 1990 bis 2015 um 60 Prozent angestiegen, die durch Energie und Industrie nur um 2,2 Prozent gesunken.

Zu all dem kommt, dass in Österreich pro Jahr etwa 4.300 Hektar Boden verbaut, also der Kulturlandschaft entzogen werden, wir aber nur etwa 30.000 Hektar für den Verbrauch zur Verfügung haben, weil unsere restliche Fläche alpines Hochgebirge ist. All diese Zahlen werfen die besorgte Frage nach Verhaltensweisen und den Umgang mit Landschaft und Boden auf, nach Stadt-, Land- und Dorfentwicklung, nach der möglichen Lebensqualität ihrer BewohnerInnen.

An welchen Kriterien hat sich die seinerzeitige Zukunftsvorstellung früher wohl orientiert? Hat die kurzsichtige Einschätzung eines ökonomischen Erfolges durch die EntscheidungsträgerInnen tatsächlich alles andere zugedeckt? Mit wie wenig Widerstand ist die Bevölkerung dieser Denkweise gefolgt! Wie schnell hat man offenbar die Qualität von Nahversorgung und sozialem Leben im Dorf und Stadtteil vergessen. Wie relativ widerstandslos wurden Vereinsamung, Abhängigkeit und Arbeitsplatzverpflanzung als scheinbar notwendige Folgen eines vermeintlichen Fortschritts hingenommen. Dem als zwingend dargestellten Argument ökonomischer Notwendigkeit war nur schwer etwas entgegenzusetzen.

Wie lange noch schauen wir der gewinnträchtigen Bodenversiegelung zu? Wie lange der Entfernung des Wohnungsmarkts vom Gemeinwohl? Wie lange der Klimazerstörung? Jedes dieser Themen ist ein weiteres Buch wert, und glücklicherweise gibt es diese auch. Mir geht es hier darum, den hohen Stellenwert dieser Politikfelder in unser aller Bewusstsein zu verankern. Wir werden nun einmal durch unser soziales und kulturelles Umfeld mitgeprägt und sind schon deshalb von jenen Maßnahmen potenziell betroffen, die scheinbar nur „die anderen" angehen. Deshalb ist ja der Diskurs darüber so wichtig, wie die Gesellschaft der Zukunft funktionieren soll. Was soll geschützt, was ermöglicht werden? Wir können nicht jede Wirkung des Zusammenspiels von Maßnahmen vorhersagen. Ich fürchte, wir können die Auswirkungen der Revolution, wie sie uns die Digitalisierung auf so vielen Gebieten bis hin zur künstlichen Intelligenz beschert hat, nicht annähernd abschätzen. Wir können die Unvorhersehbarkeit so mancher Ereignisse nicht ausschalten, wie uns zuletzt die Pandemie gelehrt hat. Selbst die Wirkungsmacht unberechenbarer Menschen vor allem in politischen Entscheidungsfunktionen ist zu einem beunruhigenden Unsicherheitsfaktor geworden.

———

Die Zukunft ist also ziemlich ungewiss. Und trotzdem können wir für so Vieles Weichen stellen, wenn wir uns auf Zieldefinitionen einigen. Das ist im überschaubaren Rahmen sicher leichter als auf dem Spielfeld internationaler Politik, und trotzdem gelingt die Einigung auch hier nicht so einfach. Zum Beispiel scheint es auf der Hand zu liegen, dass mit der Chance auf leistbares, qualitätvolles und auch ästhetisches Wohnen mit infrastruktureller Versorgung die Chance auf individuelle Lebensqualität um einiges höher ist, als wenn für den Luxus Weniger verknappte und triste Wohnverhältnisse für Viele in Kauf genommen werden. Und es liegt auf der Hand, dass die Lebensqualität in einzelnen Wohnvierteln die Lebensqualität der ganzen Stadt beeinflusst.

Dennoch gestalten sich Wohnraum- und Stadtentwicklung mühsam. Die Folgen gut gemeinter Gentrifizierung, der Sanierung und Aufwertung ganzer Stadtviertel, hat zu oft – auch in Wien – das Gegenteil von dem bewirkt, was intendiert war. Statt der erwünschten sozialen Durchmischung fand lediglich eine Verschiebung der jeweiligen sozialen Biotope statt, ohne an der Konzentration Maßgebliches zu ändern. Das kann durchaus an der Schwierigkeit der Durchsetzung politischer Zielsetzungen liegen, aber auch an der falschen Einschätzung der Marktmechanismen.

Ich halte jedenfalls eine stadtdurchgängige Diversität für erstrebenswerter als die soziale Teilung der Stadt, die letztlich zur Spaltung führt. Ich setze meine Hoffnung auf die Kindergärten und Schulen, denen dabei eine fundamentale Integrationsaufgabe zukommt, und auf die Chance eines Miteinander durch die gemeinsame Nutzung von Einrichtungen des sozialen Lebens wie Supermarkt, Gasthaus oder Kultureinrichtung. Das alles entsteht nicht von selbst, sondern ist Folge des öffentlichen Wohnbaukonzepts, der Mietpreispolitik und von Maßnahmen gegen Spekulation. Und es geht darum, ob und inwieweit dem Markt Grenzen zu setzen sind.

In mehreren Städten gibt es neue Wohnmodelle. Einander überwiegend fremde BürgerInnen schließen sich zu einem Verein zusammen, der ein Mietshaus kauft, um die Wohnungen sodann an seine Vereinsmitglieder zu vermieten. Für die Stadt, die das Modell fördert, ist von Interesse, dass sich der Verein verpflichtet, das Erdgeschoss infrastrukturell zu nutzen, wodurch Kultureinrichtungen,

Geschäfte, Kindergärten oder Lokale einen Standort bekommen und die Gegend beleben. Für den Verein ist von Interesse, dass es Gemeinschaftseinrichtungen im Haus gibt – wie Küche, Veranstaltungsraum, Sauna oder Gästezimmer – und sich eine unterstützende Wohnsolidarität mit einem gemeinsamen gesellschaftlichen Ziel entwickelt. Auf diese Weise entsteht eine ungezwungene neue Art des Miteinander, die sicher von Vielen als erstrebenswerte Alternative zur abweisenden Anonymität in so manchem Wohnblock empfunden wird. Die Chance für Gemeinsinn scheint mir hier jedenfalls höher als in anderen Wohnsituationen. Seine Förderung halte ich für eine wesentliches Ziel der Gesellschaft der Zukunft, auch wenn dieses Wohnmodell ein Minderheitenprogramm bleiben wird.

Besonders wichtig ist, dass Raum für Kulturveranstaltungen geschaffen wird. Ich halte Kunst und Kultur für einen höchst relevanten Baustein im Selbstverständnis einer Gesellschaft und sehe es daher als eine wichtige politische Aufgabe, Menschen mit Kunst zusammenzubringen. Ich empfinde jede Maßnahme, die Kunst in den öffentlichen Raum trägt, als Anstoßgeber und jede Aktion zur Erweiterung von Kulturteilhabe als Investition in eine Gesellschaft der Zukunft.

Für mich ist Kunst ein Weg, sich mit dem Menschen und der Gesellschaft auseinanderzusetzen. Theater, Literatur und Film ermöglichen, sich in andere hineinzuversetzen und damit andere Denkweisen kennenzulernen, sie können die Funktion eines Spiegels haben und damit Erkenntnisgewinne bringen. Malerei, Bildhauerei, Musik und Tanz wiederum vermitteln Emotion auf eine andere Art und lösen sie auf spezifische Weise aus, sie lassen eigene Grundstimmungen erkennen und können an Wahrheiten heranführen. Das Museum wiederum erzählt Geschichte und Geschichten. Alles zusammen kann uns das Wesen Mensch näherbringen. Kunst und Kultur wecken und inspirieren auch die eigene Kreativität. Und ich bin überzeugt, dass eine Gesellschaft mit mehr Kreativität und Empathie eine tolerantere, offenere, eine bessere ist – und eine solche wünsche ich mir für die Zukunft.

———

Offenheit lenkt den Blick über den eigenen Tellerrand hinaus, daraus entsteht Interesse an Menschen mit anderen Lebensbedingungen, an anderen Ländern mit ihren Kulturen und Strukturen, an Außenpolitik, an Zusammenhängen. Daraus kann das Gefühl einer gemeinsamen Verantwortung wachsen. Oftmals sind es Katastrophen, die etwas Neues, Gutes entstehen lassen. Manchmal geht mit zunehmendem Zeitabstand zur Katastrophe die Abnahme des Vertrauens in das neu Entstandene einher. Es liegt an jeder und jedem von uns, diesen Prozess auf den Prüfstand zu stellen.

Nach den Schrecklichkeiten des Zweiten Weltkriegs wurden zwei Institutionen gegründet, die vornehmlich die Erhaltung des neu gewonnenen Friedens zum Ziel hatten: Im Jahr 1945 schlossen sich 51 Staaten zu den Vereinten Nationen, der UNO, zusammen, heute sind es bereits 193. 1957 taten es sechs europäische Staaten und gründeten die Europäische Wirtschaftsgemeinschaft,

EWG, heute EU mit 27 Mitgliedern. Während die UNO vor allem den Weltfrieden, den Schutz der Menschenrechte, die Bekämpfung der Armut, internationale Zusammenarbeit und die Einhaltung des Völkerrechts im Blick hat, ging es der EWG um europäische Integration, vor allem durch eine gemeinsame Wirtschaftspolitik und die Schaffung europäischer Institutionen. Drei Mal erhielten Unterorganisationen der UNO den Friedensnobelpreis, zwei ihrer Generalsekretäre wurden mit diesem ausgezeichnet, „für den Einsatz für eine besser organisierte und friedlichere Welt", wie 2011 für Kofi Annan formuliert wurde. Im Jahr 2012 erhielt auch die EU die prestigeträchtige Auszeichnung, für ihr Engagement in sechs Jahrzehnten, das „zur Entwicklung von Frieden und Versöhnung, Demokratie und Menschenrechten in Europa" beigetragen habe, so die Begründung.

Viele sehen die Preisverleihungen kritisch, zu viel läge im Argen in der Welt und in Europa, was Menschenrechte, Demokratie, Armut und weitere Zielfelder der beiden Institutionen betrifft. Das ist schwer bestreitbar – und trotzdem verlangt eine faire Beurteilung nicht nur Realitätssinn, sondern auch das Wissen um die Wirkungsmacht politischer Verhältnisse.

Ich sehe die Auszeichnungen als Bekräftigung und Rückenstärkung für die Vorstellung einer Weltgesellschaft der Zukunft, auf die sich die beiden Institutionen einst verstanden haben. Sie sind die Anerkennung der bisherigen unermüdlichen, glaubhaften Bemühungen um das jeweils Machbare und Ausdruck der Erwartung auf Fortsetzung des Weges. Auf den bisherigen Wegen gab es auch Versagen, Scheitern, Fehlausrichtungen, und manch gegenwärtige Zustandsanalyse gibt großen Anlass zur Sorge. Aber es lässt sich aus dem Erreichten trotzdem berechtigte Hoffnung schöpfen.

Dass es möglich war, 1948 die *Allgemeine Erklärung der Menschenrechte (AEMR)* zu formulieren und zu beschließen, war ein nicht hoch genug einzuschätzender Kraftakt. Gelungen ist das zwar sicher nur deshalb, weil die Resolution lediglich Empfehlungscharakter hat und daher nicht direkt durchsetzbar ist, aber zum ersten Mal verständigte sich eine große Staatengemeinschaft darauf, dass „alle Menschen frei und gleich an Würde geboren sind". In der amerikanischen *Unabhängigkeits-erklärung* aus dem Jahr 1776 waren Frauen, Schwarze und Sklaven noch vom Geltungsbereich ausgenommen, obwohl man sich schon damals dazu bekannte, dass alle Menschen „gleich erschaffen" worden seien. Die *AEMR* schloss nunmehr Unterschiede „nach Rasse, Hautfarbe, Geschlecht, Sprache, Religion, politischer und sonstiger Überzeugung, nationaler und sonstiger Herkunft, Vermögen, Geburt oder sonstigem Stand" aus, erteilte Sklaverei und Folter eine klare Absage, formulierte den Anspruch auf ein faires Gerichtsverfahren, Asyl, das Recht auf Arbeit und fairen Lohn und manches mehr.

Man könnte meinen, man habe sich auf die Aufzählung eines Kataloges von evidenten Defiziten geeinigt, um diese für die Zukunft zu verhindern. Schon ein kurzer Blick auf den Zustand der Welt zeigt uns, dass das höchst unzureichend gelungen ist. Dennoch wäre es falsch, den UNO-Beitrag zu gering einzuschätzen.

Nicht nur die friedenssichernden Einsätze der „Blau-
helme" sind unersetzlich, vor allem Hunger und Armut
in der Welt, zwei der bedrückendsten Menschheitsgeiseln,
können nur mit gemeinsam organisierten Kraftanstren-
gungen zurückgedrängt werden, denn nichts passiert von
selbst.

Ob die Berechnungsmethode die Aussage zulässt,
dass in den ersten 70 Jahren des Bestehens der UNO die
Armut wirklich halbiert wurde, sei dahingestellt, ohne
den Beitrag der Staatengemeinschaft wäre die Not jedoch
unbestreitbar um ein Vielfaches größer.

———

Sich auf Ziele zu einigen, ist das Eine, und dieser Schritt
ist schon gar nicht so leicht. Die noch größere Herausforderung ist aber, konkrete Maßnahmen zur Zielerrei-
chung zu setzen. Im September 2000 verpflichteten sich
189 Mitgliedsstaaten der UN zu solchen, indem sie eine
Millenniumserklärung unterzeichneten und dabei einen
Zeithorizont von 15 Jahren festlegten. Es ging dabei um
die Fortführung des Kampfes gegen Armut und Hunger,
um Schuldentilgung und die Senkung der Kindersterb-
lichkeit, um Geschlechtergleichstellung und Gesundheit,
und es ging um Nachhaltigkeit. Nach einer Evaluierung
im Jahr 2015, die Erreichtes und nicht Erreichtes gegen-
überstellte, wurde ein neues Zieldokument beschlossen:
die *Agenda 2030*. Mit ihr wurden die Millenniumsziele
auf 17 Nachhaltigkeitsziele erweitert, die die Welt der
Zukunft gerechter und nachhaltiger machen sollen.

Unter dem Titel „The future we want" wurden sämtliche Lebensbereiche unter die Lupe genommen und sodann konkrete Maßnahmen für Verbesserungen vorgeschlagen. Es liegt nun an den Mitgliedsstaaten, ihre Beiträge für die Umsetzung zu leisten. Und jede Sensibilisierung der Bevölkerung für die Notwendigkeiten erhöht die Chancen auf politisches Handeln. In Österreich fasste der Ministerrat im Jänner 2016 den Beschluss, die „sustainable development goals" mit einer interministeriellen Arbeitsgruppe in den jeweiligen Bundesministerien zu implementieren und über die erfolgten Maßnahmen einen nationalen Bericht zu erstellen. Die Ergebnisse werden immer unzureichend sein, aber allein zu einer Bestandsaufnahme in den 17 Politikfeldern und Schlussfolgerungen daraus gedrängt zu werden, ist ein wichtiger, zukunftsorientierter Anstoß.

Was hingegen so manches Abkommen oder manche Resolution betrifft, so war es bisher zwar enttäuschend, dass sie nicht wirklich durchgesetzt werden konnten, aber sie hatten zumindest die Wirkung quasi unsichtbarer Schranken, die nicht so leicht zu durchbrechen waren. Für Politiker wie Benjamin Netanjahu oder Donald Trump allerdings zählt nicht einmal mehr das. Ihre Respektlosigkeit gilt nicht nur ihrer Bevölkerung, sondern auch der Staatengemeinschaft, und niemand anderer als ihre WählerInnen können dem Einhalt gebieten. Dennoch versucht die UNO die Welt in eine bessere Zukunft zu führen, aber die Einigkeit darüber, welche die „bessere Zukunft" ist, ist aufgrund der unterschiedlichen Systeme, Kulturen und Interessen naturgemäß schwer herstellbar und oftmals eine Frage der Definition. Ungeachtet dessen ist die UNO mit all ihren Einrichtungen und Instrumenten als außerordentliche zivilisatorische Errungenschaft und zukunftsweisende Institution unbestreitbar. Ihre Wirksamkeit liegt allerdings daran, wie sehr sich die Mitgliedsstaaten der von ihnen unterzeichneten Verfassung, der *UN-Charta*, verpflichtet fühlen, denn die Sanktionsmöglichkeiten sind gering.

Aber das gleiche Problem stellt sich bei kleinen Organisationen mit scheinbar kleineren Kulturunterschieden, nämlich bei der EU. Auch hier sind die Sanktionsmöglichkeiten nicht ausgeprägt, zumal potenziell betroffene Staaten eine Trumpfkarte in der Hand haben: ihr Vetorecht in für die EU wichtigen Entscheidungsfeldern. Ein Paradebeispiel dafür lieferte der wichtige EU-Gipfel im Sommer 2020, bei dem es um den Finanzrahmen von 2021 bis 2027 ging und der vor allem das Ausmaß der von der Corona-Pandemie verursachten wirtschaftlichen Verwerfungen begrenzen und abfedern sollte.

Die veranschlagte Summe war gewaltig, nämlich über 1,8 Billionen Euro, die Zahl der Verhandlungsstunden reichte an den Rekordgipfel von Nizza im Jahr 2000 heran, bei dem es immerhin um die Änderung des EU-Vertrags, Reformen und Vorbereitungen zur nächsten großen EU-Erweiterung gegangen war. Diesmal ging es um Geld, und es zeigte sich, dass trotz der gemeinsamen Notlage, von der auf Grund der Pandemie einzelne Mitglieder besonders betroffen waren, nicht solidarisches Denken, sondern nationaler Egoismus zugenommen hatte.

Das Ergebnis dieser Verhaltensweise, die ich als rückwärtsgewandt und beschämend empfunden habe, wurde insbesondere in Österreich als Erfolg verkauft. Mindestens ebenso bitter für den Blick auf die europäische Zukunft aber ist, dass es nicht gelang, die Mittelvergabe an die Einhaltung von Rechtsstaatlichkeit zu koppeln. Insbesondere Ungarn und Polen, deren rechtsstaatlicher Zustand seit Längerem mehr als bedenklich ist, drohten, dem Budget, für das Einstimmigkeit gefordert ist, nicht zuzustimmen.

In der darauffolgenden Diskussion war zu Recht von so mancher Zäsur in der europäischen Entwicklung die Rede. Durch den Austritt Großbritanniens (übrigens eines der fünf ständigen Mitglieder im UN-Sicherheitsrat) sei eine Machtlücke entstanden, die „verbündete" kleinere Staaten, darunter Österreich, auszufüllen versucht hätten. Dadurch sei der bisherigen starken Achse Deutschland–Frankreich eine Gegenspielerin in Gestalt einer neuen Achse entstanden, vor allem aber sei die Art der Finanzpolitik auf neue Füße gestellt worden.

Dem kann man zustimmen. Doch was bedeutet das für uns BürgerInnen? Soll uns nur das Machtspiel der Nationalstaaten interessieren, um dann stolz darauf sein zu können, dass sich unser Land durchgesetzt, „gewonnen" hat?

Mir ist bei den Analysen die Verdeutlichung zu kurz gekommen, welchen Unterschied für das individuelle Leben unterschiedliche Politik – auch Europapolitik – machen kann: den Unterschied für die Lebensqualität des und der Einzelnen. Es macht einen Unterschied, ob man in einem Land mit oder ohne verlässliche rechtsstaatliche Strukturen lebt, es macht einen Unterschied, ob man sich auf gesellschaftliche Solidarität nicht nur, aber vor allem im Notfall, verlassen kann oder nicht, es macht einen

Unterschied, ob man die Freiheit hat, Beruf und Lebenssituation frei gestalten zu können oder nicht. Es macht
einen Unterschied, ob man der Polizei und Justiz mit
Sorge oder Vertrauen gegenübertreten kann oder nicht,
und es macht einen Unterschied, ob wir in einer intakten
Umwelt leben oder nicht.

———

Es macht auch einen Unterschied, ob wir in einem nati-
onalstaatlich organisierten Europa oder einem Europa
vereinigter Staaten leben, in dem die Spielregeln statt vom
Rat von einem Parlament gemacht werden, dessen Mehrheiten sich unabhängig von Ländern auf dem Boden von
gemeinsamen Grundsätzen und -prinzipien bilden. Abgeordnete können sich dem Druck und Einfluss so mancher
Lobby leichter entziehen als StaatsministerInnen und
KanzlerInnen, sie sind weniger erpressbar und die Verantwortung verteilt sich auf mehrere Schultern. Welchen
Unterschied der Entscheidungen könnte das machen!
Was könnte dadurch alles möglich werden! Es macht
einen Unterschied, ob wir in einer Sozialunion leben oder
im Wettbewerb der Sozialleistungen. Wettbewerbsverlie-
rerInnen sind in diesem Fall immer die Ärmsten.

Jeder dieser Unterschiede wird von der Politik gemacht,
die wir wählen. Die beiden Harvard-Professoren Steven
Levitsky und Daniel Ziblatt kommen in ihrem Buch *Wie
Demokratien sterben* (2018) zu dem Schluss, dass Demokratien heute kaum mehr durch Putsch oder Revolution
abgeschafft werden, sondern an der Wahlurne. Es liegt in der
Verantwortung der WählerInnen, welchem Politikertypus

Entscheidungsmacht gegeben wird. Die oberflächliche, landläufige Meinung, es seien sowieso früher oder später alle gleich, ist falsch und verhängnisvoll. Es macht einen Unterschied, ob sich jemand an gemeinsame Spielregeln hält oder sich über sie hinwegsetzt. Es macht einen Unterschied, ob man das Recht des Stärkeren durchsetzt oder den Schwächeren fair behandelt. Bei politischen Maßnahmen gibt es selten ein „richtig" oder „falsch", weil es auf die Sichtweise ankommt – und die hängt vom zugrundeliegenden Menschen- und Gesellschaftsbild und den darauf fußenden Zukunftsvorstellungen ab. Erkennen wir also die Unterschiede der PolitikerInnen und begründen sie nicht einfach mit „äußeren Sachzwängen". Viel öfter sind es nämlich Unterschiede des Charakters. Politik ist Charaktersache.

Trotzdem.

Deshalb.

5
Trotzdem.
Deshalb.

Ich bin in die Politik gegangen, weil ich Zustände, die ich als unfair, ungerecht und falsch empfand, nicht widerspruchs- und tatenlos hinnehmen wollte. Ich bin in die FPÖ gegangen, weil ich dachte, dass diese kleine Oppositionspartei, die sie damals war, eine liberale Stimme werden könnte und darüber hinaus Verhaltensweisen und Haltungen der beiden anderen, damals nahezu allmächtigen Großparteien öffentlich so thematisieren könnte, dass daraus allgemeine Grundsatzdebatten entstehen. Ich wollte etwas verändern.

Ich habe in dieser Zeit gelernt, wie wichtig Überzeugung und Überzeugungsarbeit sind, sowohl in der eigenen Partei als auch Außenstehenden gegenüber. Auf beiden Feldern hatte ich durchaus Erfolgserlebnisse. Wenn es gelang, jemanden zum Nach- oder Umdenken zu bringen, wenn ich das Gefühl hatte, einen neuen Blickwinkel eröffnet, eine relevante Information gegeben oder gar jemanden (unerwarteterweise) von etwas überzeugt zu haben, wenn ich Motivation und Engagement übertragen konnte, so empfand ich das als Erfolg politischen Handelns. Wenn aus einem harten Disput im Parlament mit dem politischen Mitbewerber ein persönliches Gespräch entstand, wenn trotz politischer Gegensätze ein privater Kaffeeplausch möglich war, wenn ich selbst durch einen Debattenbeitrag zum Überdenken meiner Position gebracht wurde oder es mir bei jemand anderem gelang, empfand ich das politische Erlebnis der Demokratie.

Doch die Demokratie kennt auch Machtverhältnisse, und die lernte ich öfter kennen, als es meinem grundsätzlichen Optimismus guttat. Parlamentarismus ginge auch anders. Zu oft aber habe ich leere Kilometer erlebt, unüberwindliche Mauern und unsachgemäße Abwehrreflexe.

Der Umgang mit der Opposition zeugte oft von einem nachlässigen Demokratieverständnis. Wenn ich sehe, wie die Kanzlerpartei ÖVP mit Duldung des grünen Koalitionspartners heute mit dem Parlament umgeht, so fürchte ich, dass das nur deshalb ohne nachhaltigen öffentlichen Aufschrei möglich ist, weil die Vorgängerregierungen zu oft bis an die Grenze des Demokratieverträglichen gegangen waren. Wenn sich die Bevölkerung an das Ausreizen von Grenzen gewöhnt hat, so erschreckt sie die Grenzüberschreitung eben nicht mehr.

Dabei wird dann übersehen, dass durch diese Überschreitung – und sie findet statt! – eine neue negative Qualität etabliert wird. Der Schaden an der Demokratie wird aber kaum mehr als solcher wahrgenommen. Dieser Logik folgt im Übrigen auch die Reaktion so Mancher selbst außerhalb der freiheitlichen Wählerschaft auf das unsägliche Ibiza-Video. Die Wahrnehmungsfähigkeit von BürgerInnen wurde zu lang falsch programmiert. Zu oft hatten sie erlebt, dass bevorzugende Auftragsvergaben, Einflussnahme auf Berichterstattung, das Hintanstellen öffentlicher hinter wirtschaftliche Interessen Teil des politischen Geschäfts waren. Die rote Linie, die politische Unkultur von Käuflichkeit und offener Missachtung unserer Verfassungsprinzipien trennt, ist für zu viele nicht mehr erkennbar. Der daraus folgende und die Realität verkennende Satz „Sind doch alle gleich" wird zur Giftinjektion für die Demokratie.

———

Die Zeit meiner politischen Tätigkeit war ein Intensivkurs in Sachen Demokratie. Er wurde mir auf mehreren Spielfeldern zuteil: in der Arbeit der Begegnung und dem Gespräch mit BürgerInnen; im Parlament bei der Arbeit an den Spielregeln für unser Gemeinwesen sowie im Erkennen politischer Mechanismen. Und in Parteien, als ich in der FPÖ und später „meinem" Liberalen Forum jeweils Anschauungsunterricht darin bekam, wie unterschiedlich man Demokratie leben kann und wann sie zur Farce verkommt.

In der FPÖ unter Jörg Haider (selten ist ein Wort so aussagekräftig wie hier das Wort „unter") war die Demokratie nur insofern von Wert, als sie instrumentalisiert werden konnte, und zwar sowohl nach innen wie nach außen. In der Außenwirkung etwa, wenn „das Volk", für das die FPÖ zu stehen vorgab, gegen die Etablierten, Eliten oder einfach „die anderen" gestärkt oder ausgespielt werden sollte. Das ließ sich als Demokratie verkaufen: „Das Volk" ist die Mehrheit, alle anderen sind die Minderheit. Für die FPÖ bedeutet Demokratie, dass die Mehrheit einfach das Sagen hat. Daher ist die Entscheidung der Minderheit der Etablierten, auch wenn sie demokratisch legitimiert ist, von vornherein problematisch. Nach dieser Logik stehen sie einander als Gegner gegenüber, wobei „das Volk" als einheitlicher Block gesehen wird. Doch einer muss das Sprachrohr für diesen Block sein, in diesem Fall der Parteichef.

Vor allem mit drei Slogans wurde diese Philosophie professionell für Haider aufs Plakat gebracht: „Sie sind gegen ihn, weil er für euch ist", „Er spricht eure Sprache" und „Er sagt, was wir denken". Es ist schon beachtlich, wie einfach man die Demokratie in ihr Gegenteil verkehren kann. Übrigens wurden diese Sujets erst nach meinem Bruch mit der FPÖ plakatiert, aber ich habe auch die Demokratieverzerrung innerhalb der Partei erlebt. Haider pflegte nämlich Entscheidungen so lange im Alleingang zu treffen, bis die dafür eigentlich zuständigen Gremien mit Leuten seines Vertrauens besetzt waren. Ab diesem Zeitpunkt pochte er auf innerparteiliche Demokratie.

Als auch für mich offensichtlich wurde, dass weder das Ziel der liberalen Stimme noch eine positive Belebung des öffentlichen Diskurses mit dieser Art von Politik erreichbar war, und das gegeneinander Ausspielen von Menschen und Gruppen die Kommunikationsstrategie bestimmte, war der Bruch unvermeidlich. All mein und das Bemühen Gleichgesinnter hatte nichts genützt. Es lag nahe, der Politik den Rücken zu kehren. Was hatte ich wirklich bewirkt? Was kann man als kleines Rädchen eines großen Ganzen überhaupt bewirken? In welcher Relation stehen In- und Output?

Die Begriffe „Trotzdem" und „Jetzt erst recht" liegen nahe beieinander, aber sie entfalten nur Wirkung, wenn es ein „Deshalb" gibt.

———

Es war das „Deshalb", aus dem ich die Kraft für einen Neuanfang schöpfte. Was hatte sich gut vier Jahre nach meinem Einstieg in die aktive Politik in der Gesellschaft so verändert, dass meine damalige Motivation nicht mehr taugen sollte? Es war nicht nur nicht besser geworden, sondern es taten sich zusätzlich neue Problemfelder auf. Durch den Fall des Eisernen Vorhangs 1989 und die Kriege nach dem Zerfall Jugoslawiens 1991 kam aus den Nachbarstaaten eine immer größere Zahl von Menschen nach Österreich und nach Deutschland. Die „christlichen" Parteien CDU und CSU – vor allem der stellvertretende Vorsitzende der CSU, Edmund Stoiber, spielte dabei eine anheizende Rolle – brachen daraufhin eine menschenverachtende Asyldebatte vom Zaun. Diese bereitete in Deutschland den Boden für schreckliche Ausschreitungen einer großen Zahl von Neonazis, die von vielen BürgerInnen teilnahmslos bis applaudierend beobachtet wurden, wie erschreckende Fernsehbilder zeigten. Es gab brennende Wohnheime, zahlreiche Verletzte und schließlich sogar zwei Todesopfer. Es war nicht absehbar, wann und inwieweit dieses Klima auch Österreich erfassen würde. Haider hatte das Thema jedenfalls bereits als WählerInnen-wirksam erkannt.

In einer solchen Situation darf man sich nicht zurückziehen, sondern muss aktiv werden. Ich hatte nicht verhindern können, dass die Partei, deren stellvertretende Obfrau ich gewesen war und zu deren Erfolg ich vermutlich auch beigetragen hatte, zunehmend Ausländerfeindlichkeit bediente und erzeugte. Nicht trotzdem, sondern gerade deshalb musste ich dem etwas entgegensetzen. Und ich wollte endlich eine liberale Stimme etablieren, obwohl ich wusste, wie hart der Boden dafür in Österreich ist. Trotzdem. Deshalb gründete ich gemeinsam mit GesinnungsfreundInnen das Liberale Forum.

Wenn es noch eines Beweises bedurft hätte, wie gut Haider das autoritäre Handwerk beherrschte, so lieferte er ihn quasi noch als Postscriptum: Wir Liberalen waren ab sofort die Verräter, die ihn und die Partei verlassen hatten, so wie die AfD heute von ihren Gegnern als den Volksverrätern spricht oder Marine Le Pen Macron Verrat unterstellt, wenn er einen Freundschaftsvertrag mit Deutschland unterzeichnet. Der Begriff „Verräter" ist Botschaft und Programm zugleich, er ist quasi die Handlungsanleitung für die eigenen Getreuen, wie sie mit den Abtrünnigen umzugehen haben. Die Botschaft hat ihre Wirkung getan. Ich weiß nicht mehr, wie oft ich damals auf der Straße von wildfremden Menschen als Verräterin beschimpft wurde, einen Teil der einschlägigen Post habe ich noch.

Der Österreicher Jörg Haider war die Vorhut des Rechtsrucks in Europa. Er zeigte, wie Populismus funktioniert. In Frankreich gab es Jean-Marie Le Pen, in Deutschland Franz Schönhuber, aber diese beiden im

Vergleich zu Haider alten Männer waren einfach nur sehr mäßig erfolgreiche simple Rechte. Haider war eine neue Kategorie: Er war links und rechts, urban und volkstümlich, scheinbar demokratisch und autoritär, und zwar alles gleichzeitig. Vor allem entwickelte er den Populismus zur erfolgreichen Stimmenmaximierungsmaschinerie – und diese wurde zur Blaupause zahlreicher Kopien in und außerhalb Europas.

Wir müssen es beunruhigt beobachten: Die Anziehungskraft des Populismus ist in Österreich ungebrochen und nimmt kontinuierlich zu. Das ist deshalb so verstörend, weil Populismus auf Stimmung unter Ausschaltung der Vernunft setzt, auf Ausgrenzung und Kriminalisierung von Menschen, die nicht „dazugehören" (sollen), auf Nationalismus und Verächtlichmachung des Politischen. Es gibt auch die Version „light", in der zwar demokratisch zulässige Positionen vertreten werden, man sich aber einer populistischen Kommunikationsstrategie bedient, zu der Respektlosigkeit und Desavouierung Andersdenkender gehört. Auch das zerstört die Demokratie.

Es ist nicht leicht, dem Populismus zu begegnen. Versucht man die demokratische Auseinandersetzung im öffentlichen Diskurs, so erzeugt man das Bild von Augenhöhe, das aber antidemokratischen Argumenten nicht zukommt. Überdies ist einer antidemokratischen Kommunikationsstrategie mit demokratischen Mitteln schwer beizukommen. Verweigert man den Diskurs, wird man selbst des undemokratischen Verhaltens geziehen.

Versucht man, zwischen WählerInnen und der von ihnen gewählten Partei zu unterscheiden, so unterstellt man den WählerInnen mangelndes Beurteilungsvermögen, was diese als Beleidigung empfinden und noch stärker an „ihre" Partei bindet.

Man kann's kaum richtig machen und denkt an eine der vielen klugen Erkenntnisse von Václav Havel, der gemeint hat, dass der natürliche Nachteil der Demokratie darin liege, dass sie demjenigen, der sie ernst nimmt, die Hände bindet, während sie dem, der das nicht tut, nahezu alle Möglichkeiten gibt. Markus Metz und Georg Seeßlen kommen in ihrem Buch *Der Rechtsruck* (2018) zu dem Ergebnis, dass es keine offene Frage mehr sei, ob der Rechtspopulismus an die Macht kommen könne. Er sei es schon. Denn „der Druck auf die ‚demokratischen' Parteien ist so groß, dass diese in vorauseilendem Gehorsam gegenüber dieser Volksstimme Rassismus, Reaktion und so weiter schneller adoptieren".

Vehement kann ich dem nicht widersprechen. In vielen Bereichen haben (nicht nur) sogenannte bürgerliche Parteien rechtspopulistische Positionen einfach übernommen, ihnen damit quasi einen seriösen Anstrich gegeben und sie dadurch noch wählbarer gemacht. Auch der Erfolg populistischer Öffentlichkeitsarbeit ist verführerisch und ansteckend. *Trotzdem.* Wenn wir die Lebensqualität einer offenen Gesellschaft nicht von unserem Wunschzettel streichen wollen, müssen wir versuchen, dem Populismus seinen Nährboden zu entziehen – und dieser besteht aus Unsicherheit, Ungleichheit, Verlust- und Zukunftsangst. Diese Erkenntnis ist alles andere als neu. Ebenso alt sind

die politischen Beteuerungen, diesen Phänomenen ent-
gegenwirken zu wollen. Man weiß, dass Angst und Unsicherheit eine Gesellschaft zerstören können, denn man
hat es erlebt. Aber der Nährboden war schon einmal
trockengelegt worden.

Meine Generation hat in Europa die außerordentliche Zeit von 75 Jahren steigenden Wohlstands in Frieden
(außer im zerfallenden Jugoslawien) und sozialer Sicherheit erlebt. Das ging Hand in Hand mit der Stärkung der
Demokratie und der Grund- und Freiheitsrechte und dem
Aufbau der heutigen EU. Man hatte das Gefühl, das alles
gehört zusammen. Wo sollten Populisten da erfolgreich
einhacken? Nun aber scheint das Ende der Fahnenstange
in Sicht, die Ungleichheit wächst wieder, Globalisierung und Neoliberalismus haben die Welt verändert, der
„Weltpolizist" USA, ein Begriff aus einer Zeit, in der die
Polizei weitgehend positiv konnotiert war, hat seine Rolle
aufgegeben und eine zunehmende Zahl von Flüchten-
den und MigrantInnen erfordern Spielregeln, die wir in
wesentlichen Teilen noch nicht haben. Das Szenario für
Populisten ist also angerichtet.

Und trotzdem gibt es keinen Grund, die Segel zu
streichen, weil wir aus dem „Deshalb" Hoffnung und
Kraft schöpfen können. Das „Deshalb" erfasst Erfahrung
und Ziel zugleich. Die Erfahrung, was auf den Trümmern
zweier Weltkriege alles aufgebaut werden konnte, welch
sozialer Fortschritt, welche Höhenflüge der Medizin und
anderer Wissenschaften, so vieles, über das ich in den

vorangegangenen Kapiteln reflektiert habe und das trotz so mancher Unzulänglichkeit Zeugnis immenser Aufbauarbeit ablegt. Was spricht dagegen, dass diese Kraft nicht in neue Kanäle fließen kann, was, dass wir diese nicht finden sollten? Nur weil wir bisher auch falsche Gewässer befahren haben? Wir dürfen nicht nachlassen, uns um eine Richtungsänderung unserer weiteren Entwicklung zu bemühen, und zwar deshalb, weil Fehlentwicklungen inzwischen offenkundig geworden sind und wir unser Ziel einer offenen Gesellschaft nicht gefährden dürfen. Einer Gesellschaft, in der jede(r) ohne Angst anders sein kann, in der wir uns auf die Solidarität der Nächsten und der Gesellschaft verlassen können, in der wir vor Machtmissbrauch und Einschüchterung geschützt sind, in der wir uns frei entfalten und unsere Lebenssituation selbst bestimmen können, einer friedlichen Gesellschaft ohne Feindbilder, mit aktiver Verantwortung für unsere Umwelt und internationale Zusammenarbeit.

Und wir müssen die EU leidenschaftlicher verteidigen und weiterentwickeln. Der Brexit hat gezeigt, was eine entschlossene Minderheit bewirken kann, wenn die gegenüberstehende Mehrheit zögerlich und mutlos ist. Die vor der seinerzeitigen Abstimmung in England erhobenen Mehrheitsverhältnisse haben offensichtlich die damalige Brexit-Minderheit zu einem „Trotzdem" mobilisiert – und sie haben gewonnen. Solche Energie müssen wir bei jenen entfachen, die erkennen können, welche Chancen eine Union für uns alle eröffnet. Nicht nur in der Bewältigung von Krisen, sondern in der Ermöglichung der Verbesserung der Lebensqualität (und diese folgt nicht nur ökonomischen Kriterien) von nahezu

450 Millionen Menschen. Dafür müssen die Mitglieder aber einen Teil ihrer Souveränität aufgeben, was nationalen Widerstand auslöst.

———

Trotzdem ist es sinnvoll. Und zwar deshalb, weil damit der Bewegungsspielraum nicht eingeengt, sondern erweitert wird. Weil wir über unsere nationalen Grenzen hinaus agieren können, weil wir in einem größeren Ganzen unterstützen und unterstützt werden können, weil wir die Chance bekommen, die Prinzipien einer offenen Gesellschaft auf das größere Ganze zu übertragen. Und weil das Frieden sichern kann. Zu glauben, man könne die Gefährdung des Friedens in Europa künftig ausschließen, ohne etwas dafür zu tun, halte ich für kurzsichtig und verantwortungslos. Auch hier gilt Willy Brandts Satz: „Nichts kommt von selbst und nur wenig ist von Dauer." Aber es geht natürlich darum, welche Art von Union wir entwickeln und wie sich unsere Werte in unserem Miteinander und unseren Spielregeln widerspiegeln.

Kann es noch fairer Wettbewerb sein, wenn ein Mitglied, in diesem Fall Irland, einem Weltkonzern, in diesem Fall Apple, eine Sonderbehandlung gewährt, die nach Ansicht der Kommission einen steuerlichen Vorteil von 13 Milliarden Euro für Apple bringt? Zur Nachzahlung dieser Summe wurde der Konzern von der Wettbewerbskommissarin Margarethe Vestager vor vier Jahren aufgefordert. Nun erklärte der damit befasste Europäische Gerichtshof – allerdings noch nicht rechtskräftig – die Nachforderung für rechtswidrig. Es soll hier nicht um die rechtliche Beurteilung des Falls gehen, aber er zeigt, welchen Anfechtungen das Verständnis von Gemeinsamkeit ausgesetzt ist. Einen Standort des Apple-Konzerns im Land zu haben ist nun einmal ökonomisch verführerisch. Es ist zu hoffen, dass Kommissarin Vestager in ihrer Zähmung von Google, Amazon und Facebook erfolgreicher ist.

Ebenso wie reale Märkte bedürfen natürlich die digitalen Märkte einer Regelung: Was auf dem einen illegal ist, darf auch online nicht akzeptiert werden. Dazu kommen die nahezu grenzenlosen Möglichkeiten, Daten als wettbewerbsrelevante Informationen zu sammeln und sie mit den unterschiedlichsten Zielen zu verarbeiten. Auch für den Umgang damit ist ein gemeinsames, starkes Europa notwendig. Und die Basis ist das gemeinsame Demokratieverständnis.

Doch die Solidarität der Mitgliedsländer untereinander ist eben nicht sehr stark ausgeprägt. Und auch die Bedingungen, die immer wieder an sie geknüpft werden, entsprechen nicht wirklich dem Wertekatalog, dem sich die EU selbst verpflichtet hat. Schon die seinerzeitige „Rettung" Griechenlands war nicht gerade von Augenhöhe und Fairness gekennzeichnet. Das Gerüst der Demokratie wurde zwar gemeinsam erhalten, doch das Bröckeln so manch elementarer Bausteine wie die Funktionsfähigkeit insbesondere der Sozial- und Gesundheitsinfrastruktur wurde zugunsten einer auferlegten, harten Austeritätspolitik in Kauf genommen. Die Dankbarkeit der betroffenen BürgerInnen „ihrer" Union gegenüber hielt sich daher in Grenzen. Nun hoffen BürgerInnen in Ungarn, Polen und Bulgarien auf Schutz durch die Union vor den offen zunehmenden Repressionen ihrer Regierungen. Anlass zu Optimismus haben sie nicht wirklich. Als Österreicherin schämt man sich schon lange für den wertebeliebigen Umgang des ÖVP-Kanzlers Kurz mit seinem Parteifreund, dem ungarischen Ministerpräsidenten Orbán.

———

Trotzdem. Aufgeben darf keine Option sein und das Erstarken der Zivilgesellschaft in vielen Ländern gibt Anlass zur Hoffnung. Das gilt ebenso für die Themen Flucht und Migration, die unsere Welt noch lange beschäftigen werden. Kein vernünftiger Mensch bagatellisiert die Probleme, die sich nicht nur durch die Zahl der Menschen ergeben, die bei uns Zuflucht suchen, sondern oft auch durch deren Wertevorstellungen, die nicht unserem gesellschaftlichen Konsens entsprechen. Sie flüchten vor Krieg und Verfolgung oder vor Hunger und Perspektivlosigkeit.

Nach diesen Gründen wird rechtlich zwischen AsylwerberInnen und MigrantInnen unterschieden, die Aussicht, in Europa bleiben zu dürfen, steht für beide Gruppen nicht mehr gut. Viele von ihnen sind aber schon vor dem Jahr 2015 gekommen, das eine Demarkationslinie darstellt. Sie haben inzwischen Aufenthaltsrecht, viele schon eine hiesige Staatsbürgerschaft, viele schon hier geborene, erwachsene Kinder. An ihnen messen wir den Grad gelungener Integration, und die Beurteilung dessen ist so unterschiedlich wie das Gesellschaftsbild der Beurteilenden. Kaum jemand wird alles als gelungen bezeichnen, unangemessen viele sprechen von Scheitern. Wer sich die Mühe macht, redliche Ursachenforschung zu betreiben, wird das Zusammenspiel einer Vielzahl von Faktoren erkennen. Die objektivierbarsten sind Spracherwerb, Arbeitsplatz, Wohnverhältnisse und soziale Kontakte. Die subjektiven Faktoren liegen sowohl bei den Ankömmlingen selbst als auch beim menschlichen Umfeld, auf das sie stoßen.

Aus all dem ergibt sich, dass es um geteilte Verantwortung von Politik, Beamtenschaft, Ankommenden und Nachbarschaft im weitesten Sinn geht. Das kann nur gelingen, wenn allen stets bewusst ist, dass es nicht um Statistiken und Zahlen, sondern um Menschen geht. Ob instrumentalisierte Fundamentalisten, die gewaltbereit auf die Straße gehen, ob verschlossene Neuankömmlinge, die sich aus Unsicherheit im vertrauten Biotop abschotten – wir müssen uns der Mühe unterziehen, psychologische Strategien zu erarbeiten, und dem Aufwand, unterstützende Maßnahmen zu entwickeln, um die Gesellschaft in all ihrer Diversität friedlich zu erhalten. Demokratie kann anstrengend und teuer sein.

———

Was hingegen jene Menschen betrifft, die sich seit jüngster Zeit auf den Weg zu uns machen, bedarf es einer radikalen Änderung der Politik. Jede/r, der oder die aufmerksam und noch nicht abgestumpft die Berichterstattung über die Fluchtsituationen und Zustände in den Lagern auf den ägäischen und italienischen Inseln verfolgt, muss es fühlen und wissen: Wir sind

ZeugInnen der Schande Europas. Wer die Kraft hat, *Die Schande Europas* (2020) von Jean Ziegler zu lesen, weiß es: Europa verrät seine Werte. Wir verspielen gerade jede Glaubwürdigkeit, irgendwo auf der Welt noch die Einhaltung von Menschenrechten einzumahnen.

Ich bestreite nicht, dass diese Politik der Abschreckung die Zahl der im Meer ertrunkenen Menschen gesenkt hat. Welch zynische Rechnung! Ist damit denn auch die Zahl der potenziellen Flüchtlinge, die daher anderswo leiden und sterben, geringer geworden? Was wird getan, um diese Zahl zu verringern, außer ihre Fluchtwege zu erschweren und sie uns aus dem Gesichtsfeld zu schaffen? Was ist die Errungenschaft unseres Asylrechts wert, wenn wir sanktionslos zulassen, dass europäische Länder es einfach nicht anwenden? Eine europäische Politik, die sich nicht zur dringlichen Aufgabe macht, ein europäisches Aufnahmekonzept zu erstellen, überführt sich in ihrem Grundrechtsbekenntnis selbst der Lüge.

Der österreichische Beitrag zu dieser Art von Politik ist beschämend. Wer Balkan- und Mittelmeerrouten schließen möchte, ohne sich um legale Alternativen und ein europäisches Auffangnetz zu kümmern, ist empathie- und verantwortungslos. Es als humanitären Beitrag zu verkaufen, dass man bei der Verstärkung des Außengrenzschutzes der EU mithilft, statt Menschen aus überfüllten Lagern aufzunehmen, ist an Zynismus schwer zu überbieten. Humanität wird durch Bürokratie ersetzt. Ich will mir nicht vorstellen, dass das in meinem Land Common Sense ist.

Aber wir erleben es seit Jahren – und *trotzdem*: aufgeben wäre die falsche Reaktion. *Deshalb*, weil es um Menschenleben geht, weil es um eine Gesellschaft mit Grundrechten geht, weil es um unser aller Zukunft geht.

Die Pandemie hat viele dazu gebracht, wieder oder zum ersten Mal *Die Pest* zu lesen, Albert Camus' hellsichtigen Roman aus dem Jahr 1947. Fünf Jahre zuvor hatte Camus den philosophischen Essay *Der Mythos des Sisyphos* veröffentlicht. Ich habe ihn in meiner Studentinnenzeit viel mit mir herumgetragen, um immer wieder in ihm zu lesen. Die Gedanken haben mich berührt, und vielleicht haben sie mich jetzt, viele Jahre später, zu der Überschrift dieses Kapitels inspiriert. Sisyphos weiß, dass der Stein, den er den Berg hinauf rollt, wieder herunterrollen wird. Er tut es *trotzdem* immer wieder und ist sogar glücklich dabei. Und zwar *deshalb*, weil er seine *Freiheit* gewinnt, indem er die Sinnlosigkeit des Lebens annimmt und immer wieder selbst entscheidet. Er hat sein Schicksal in die Hand genommen.

Es geht darum, nicht aufzugeben.

LIEBE LESERIN, LIEBER LESER!

Hat Ihnen dieses Buch gefallen?
Wollen Sie weitere Informationen zum Thema?
Möchten Sie mit der Autorin in Kontakt treten?
Wir freuen uns auf Austausch und Anregung!

Christian Brandstätter Verlag GmbH & Co KG
Wickenburggasse 26
1080 Wien
E-Mail: leserbrief@brandstaetterverlag.com
Tel: (0043) 1 5121543256

WIR SAGEN DANKE.
BLEIBEN WIR IN VERBINDUNG!

Lassen Sie sich inspirieren!
Gute Geschichten, schöne Geschenkideen auf
www.brandstaetterverlag.com

TEILEN MACHT GLÜCKLICH
facebook.com/Brandstaetter.Verlag

1. Auflage
Alle Rechte vorbehalten
Copyright © 2020 by Christian Brandstätter Verlag, Wien
Designed in Austria, printed in the EU.

ISBN 978-3-7106-0485-0

Grafik & Satz: Johanna Kurz
Coverfoto: Gianmaria Gava
Lektorat & Projektleitung Brandstätter Verlag: Judith E. Innerhofer

ein Schönwetterregulativ, das nicht fü Shu
Regen gemacht ist? Ich fürchte, viele
glauben das. Wie oft habe ich in m
litisch aktiven Zeit hören müssen, da
Liberalismus eben leisten können m
ständnis mit derselben Wurze

Sich an Vorschriften halten zu l
wird oft als eher lästige und belas
Pflichtübung empfunden. Da kann
Verständnis dafür haben, <del>dass</del> ^{wenn} man
einer schwierigen Situation unter Zei
eben nicht so genau nimmt. Das Ver
fü solches Verhalten ist umso größer,
man den Sinn der Vorschriften und
Zusammenhänge erkennt. Wenn zu
das Parlament nur als Schaubühn
nommen wird und nicht als Volk
also die Einbindung der Bürgerinnen
Bürger in Entscheidungen, wenn es
ssitzung der Regierung und nicht
geber gesehen wird, dann wird ein
Geringschätzung des Parlaments m
beeinträchtigen. Wenn man nicht
dass der Regelungsumfang eines
deshalb beschränkt sein muss, we
einer einzigen Person bestimmt we